変容するドイツ政治社会と左翼党

―反貧困・反戦―

木戸　衛一

今は亡き「ドイツの母」、イルマ・リヒターに
Meiner verstorbenen „deutschen Mutter“, Irma Richter

はじめに

日本とドイツは近現代の歴史において、相似た足跡をたどってきた。もちろんそれは、偶然の産物ではない。明治政府の近代化政策に大きな影響を与えた岩倉使節団一行は、訪問した米欧諸国の中でも、とりわけドイツに範を見出した。一八七三年三月一五日、使節団を迎えて招宴を開いたオットー・フォン・ビスマルク首相の演説に深い感銘を受けた彼らは、その鉄血政策に倣い、富国強兵を日本の国家目標に掲げた。

以来日独両国は急速な産業発展と軍事力強化を推し進め、第一次世界大戦では戦火を交えたものの、一九三〇年代には民主主義を原理的に否定する「枢軸国」として第二次世界大戦を引き起こし、最後は世界中を敵に回して無条件降伏した。しかし、敗戦後も再び飛躍的な経済発展を遂げて有数の経済大国となり、今また世界における新たな地歩の占め方を模索している。

とは言え、今日の日独の立ち位置は、非常に異なっている。ドイツは近隣諸国との和解を成し遂げ、フランスとともに地域統合の牽引車となってきた。対等なパートナーを持っていることの強みは、二〇〇三年イラク戦争の際、米国による国連憲章無視の武力行使に対して、正面から「ノー」と言えたことにも表れている。

他方日本では、大日本帝国の継承に固執する勢力と、反共自由主義の米国の覇権に一体化しようとする勢力とが不神聖な同盟を結んで支配の座に居座り、日本国憲法の平和と民主主義の原理を廃棄寸前にまで追い詰めている。本来、日本ナショナリズムと対米従属は本質的に矛盾するはずである。ところが、そうした自己欺瞞の根源が、戦後の初発において、米国の利害を侵さないという形での「国体の護持」、裕仁天皇の免罪が容認されたことにあるために、矛盾が矛盾として意識化されることがあまりなかった。そのように戦前と戦後の歴史に切れ目のない日本は、米国にひたすら寄り添い、かつての植民地主義・侵略戦争を主体的に清算しないまま、がむしゃらに「経済大国」の道を歩んできた。そして今や、安保にせよ原発にせよ、万物の生存と人間生活を脅かす「国策」が、中央によって周辺化された地域住民に押し付けられている実態が明らかになったにもかかわらず、その差別構造を転換するどころか、あからさまな排外主義的デマゴギーと強権的手法でその政策をさらに推進しようとしている。

この国のこうした状況を憂慮し、自由で平等な市民社会の実現を目指して日々格闘している人々の中には、彼我のあまりの落差に、ドイツの政治社会をややもすれば理想化して捉える向きもある。

しかし、新自由主義のイデオロギーに導かれたグローバル化の世界において、日独を含む先進国は、①政府による経済介入を制限する規制緩和や社会福祉・教育など公的部門の民営化による貧富の格差の拡大と貧困の進行、②豊かさのショーヴィニズムに基づく難民の拒絶・排斥、③グローバルな経済的権益をグローバルな軍事力の展開で確保しようとする軍事化・軍拡、④大企業の利益代表と政府の交渉によって、いわば「一パーセントの、一パーセントによる、一パーセントのための政治」が形成され、民主主義が空洞化するポスト・デモクラシーといった共通の問題状況にある。その意味では、両国が克服すべき今日的課題は、決してそれほどかけ離れたものではない。

ヨーロッパにおいては、社会民主主義政党の左に政治勢力が存在するのはごく通常の風景である。しかしドイツでは、ヴァイマル共和国時代の左翼内部の抗争、ナチスの徹底的な反共宣伝、冷戦と国家分断の影響で、永らくそのような状況に至らなかった。ようやく二〇〇七年に誕生した左翼党は、搾取、他者決定、環境破壊、戦争のない世界を目指す壮大な政治的プロジェクトである。その成立過程や成果と課題は、九〇〇〇キロ離れた日本に住む私たちにとっても大いに示唆的であろう。

目　次

第1章　なぜ「左翼党」か？

日本のマスメディアでは、「左翼党」ではなく「左派党」の呼称が広く用いられている。朝毎読三大紙のデータベースによれば、これは、二〇〇五年連邦議会選挙に関する報道で登場する。

まず『読売』が七月一九日付の国際欄に、「旧東西ドイツの左派政党集結　「統一リスト」で総選挙へ　世論調査で第3党の勢い」という見出しの記事を掲載した。それは、「旧東西ドイツの左派政党が大同団結し、9月にも実施される繰り上げ総選挙に、統一リストで臨むことが確実となった。候補者には、オスカー・ラフォンテーヌ社会民主党（SPD）元党首やグレゴア・ギュジ民主社会党（PDS）元党首ら、かつてのスター政治家を擁しており、最近の世論調査では連邦議会内第3の会派になる勢いを示している」と報じ、さらに「合同で選挙戦に臨むのは、旧東独共産党系のPDSと、シュレーダー社民党政権の社会構造改革に反発して同党を離脱した左派政治家らが結成した「労働と社会正義」（WASG）。PDSは旧東独地域では、統一後の現状に幻滅した有権者の支持を集めているが、旧西独では市民の拒否反応が強い。このため、ＰＤＳは17日の党大会で、党名から「社会主義」をはずして「左派党」と改称した」と続けている。

続いて『毎日』が八月三日の「経済観測」欄で、「9月18日のドイツの前倒し総選挙を前にして、新たな第3勢力が登場した。新党は旧東独の共産党の後身である民主社会党（ＰＤＳ）が社民党（ＳＰＤ）の脱党組（ラフォンテーヌ前党首の率いる最左翼勢力）を糾合し、左派党を名乗り、選挙戦に割って入ったもの」と紹介している。遅れて『朝日』は八月一九日夕刊の「勝敗握る旧東独問題　ドイツ総選挙まで1カ月」という記事で、「［二大政党に対して―引用者］急浮上しているのが、東西の左派政党だ。旧東独共産政権の流れをくむ民主社会主義党（ＰＤＳ）が今月、西側に拒否反応がある「社会主義」の呼び名を捨てて党名を「左派党」に変更。旧西独の左派新党「労働と社会正義の第2の可能性」（ＷＡＳＧ）との連携も決め、シュレーダー首相と対立してＳＰＤを離党したラフォンテーヌ元党首が統一候補になった」と伝えている。

『読売』が用いた訳語に他紙が追随したのかどうか、その辺りの事情は不明である。いずれにしても「左派党」という呼び方に、「市場経済と民主主義」の勝利による「歴史の終わり」が語られた冷戦後の世界で、今さら政党の名前に「右翼・左翼」という古典的政治用語をつけるのは時代遅れだという状況認識があったことを見てとるのは邪推であろうか。そもそもこの国では半世紀以上も前から、「いわゆる「左右の偏向を排して公正の立場をとる」といった考え方が現実にはしばしばかえって自分の偏向を隠蔽し、あるいは社会的責任を回避する口実」になってきた[1]。そのような日本的文脈も考えると、「左派党」にはひょっとしたら、漫画家・小林よしのりが唾棄するような「戦後民主主義で育った国民＝サヨク（無意識に「人権」などの価値に引きずられ反権力・反国家・市民主義になる者）」という暴論はさておくとしても、[2] その昔通過儀礼的な大学のサークル活動に過ぎなかった「サヨク」を、政党の名に冠するのは片腹痛いという心理が反映しているのかもしれない。[3]

よく知られているように、「左翼・右翼」の語源は、フランス革命時の国民議会で、急進革命派が議長席から見て左に、穏健派が右に位置していたことに由来するが、冷戦終結・ソ連崩壊以来、「左」と「右」はもはや実態のない名称だとする主張は頻繁に聞かれる。これに対し、イタリアの思想家ノルベルト・ボッビオは、政治的な左右の対立は、資本主義と共産主義の対立よりも歴史が古いこと、一九世紀の欧州左翼は、当初の自由主義運動から民主主義運動、社会主義運動へと重点を移していったことを指摘して、政治思想における左右の区別が今なお意味を失っていないと反論している。[4] なるほど彼が説くように、人間の行為能力に懐疑的で、伝統や秩序を重視し、個人よりも共同体を尊重する「右」と、人間の手によって理想的な社会の仕組みが創出できるとし、民族・階層・階級などの特権によって課された鎖からの解放や平等を目指す「左」との対抗関係は、そう簡単に消え去るはずもないように思われる。

たしかに「ニュー・ポリティカル・カルチャー」の文脈で、一九七〇年代以降の西欧諸国で、核家族化・高学歴化という社会的変化や、農業・製造業の衰退と先端情報技術・サービス業の進展という経済的変化を背景に、個人主義化・脱物質主義化といった価値観の変化が生じ、古典的な左右の軸も変質して、賃金や労働条件をめぐる従来の古典的な階級争点から、ジェンダーや環境保護といった財政的争点に還元されない社会的争点が重要性を増しているという議論がある。[5] そして、政党のあり方としても、参加的・分権的・開放的な民主社会を先取りした政治空間をつくる理論と実践が蓄積されている。[6]

しかしながら、資本主義の本質は、株や不動産などの投資で得られる収益率が、労働による所得の伸びや経済成長率を上回ることにあり、二つの世界大戦から一九七〇年代の格差縮小は、むしろ例外的事象に過ぎず、競争が能力主義をもたらすというのは幻想であり、競争の結果、資産保有者優位の世襲型資本主義が形成されるというのであれば、[7] 社会的争点と財政・経済的争点とを別個のものとして扱い、前者を優先することは危ういし、個人主義の強調は、下手をすれば新自由主義が促す「脱人間化」に帰着してしまう恐れがあるのではないか。最も豊かな一％の人たちが保有する富は、世界金融危機が起きた二〇〇八年以降増え続け、二〇一四年には世界の富の四八％を占め、この傾向が続けば、二〇一六年には逆転し、一％の富裕層が保有する富は残る九九％の保有する富を上回るという国際援助団体オックスファム・インターナショナルの報告書（二〇一五年一月一九日）などに接すると、その思いはますます強くなる。

実際、冷戦後先進国の政治は、競争・利潤に至上の価値を置き、ひたすら「市場」を信奉する新自由主義に規定されて、規制緩和、民営化、公共サービスの解体とブランド化を進めている。ひと握りの企業の利益代表者と政府との交渉によって政策が決定され、労働組合は弱体化し、政党は似たり寄ったりで、選挙は見世物と化す「ポスト・デモクラシー」（コリン・クラウチ）の政治構造も指摘されて久しい。

ドイツの文脈に即して考えなおしてみると、一九九〇年一〇月三日の「ドイツ統一」の実態は、「社会的市場経済」の西独による「社会主義」東独の吸収合併であった。[8] 国家の名称は、西のドイツ連邦共和国がそのまま使われ、東のドイツ民主共和国（ＤＤＲ）は消滅した。国旗・国歌のナショナル・シンボルについても同様であった。[9]

本来ドイツ連邦共和国基本法（憲法）は、第一四六条で「ドイツ国民が自由な決定で新憲法を採択した日に、本基本法は効力を失う」と謳い、統一に伴う新憲法の制定を予定していた。しかし、早期統一を図るキリスト教民主同盟（ＣＤＵ）のヘルムート・コール首相は、もともとザールラント州の編入を想定していた第二三条の方式を利用して、東独五州とベルリン特別市が連邦共和国に新たに加盟するという体裁で、一九九〇年一〇月三日、国家統一を成し遂げた。

冷戦時代に定着した「西側＝自由、東側＝平等」というイメージの影響で（事実、東側ではおしなべて強権体制が敷かれていた）、冷戦の終焉をもって「自由の勝利」が声高に唱えられた。一九九四年九月八日、連合国撤兵記念行事でのコール首相の演説は、その好例である。こうして、冷戦終結の立役者は、「我々が〔主権者である〕人民だ！」と「平和革命」に立ち上がった東独市民から、西側の既存の秩序、とりわけ軍事同盟の優位性にすり替えられた。

「平和革命」に立ち上がったＤＤＲ市民は、「自由とは常に、異なる考えを持った人たちの自由である」というローザ・ルクセンブルクの金言に導かれ、「ドイツ民主共和国」をその名のとおり民主的な国家にしようと目指した。しかし、冷戦終結後に謳われている「自由」は、そうした不当な抑圧からの解放という意味内容からかけ離れ、「耐え忍ぶ」対象となった。つまり、「人間がより幸福な存在になるという西欧近代性が目指した変革のヴィジョンは、変化を求めない容赦なき成長の終わりない行進というヴィジョンに取って換わられてしまった。……解放を求める者、自分自身で未来を築き上げたい者たちの、自由と民主主義の叫び声は、あらかじめ梱包された「自由」を軍事力によって押しつけられることにより、圧殺され」ているのである。[10]

そうしたお仕着せの「自由」を自明の前提とし、いわば「一パーセントの、一パーセントによる、一パーセントのための政治」を正当化するためにしばしば持ち出されるのは、「他に選択肢がない」という言説である。ドイツでは、一九九一年から毎年言語学者やジャーナリストらによって、人間の尊厳、民主主義の原則に反し、個別の社会集団を差別したり、真実を隠蔽・歪曲したりする「年間の嫌な言葉（Unwort des Jahres）」が選ばれているが、[11]二〇一〇年の「嫌な言葉」は、まさに「他に選択肢がない（alternativlos）」であった。[12]これは、ユーロ危機、ギリシャ金融支援に際してアンゲラ・メルケル首相（CDU）が連発した単語である。新自由主義の政治指導者の先駆け、英国のマーガレット・サッチャー首相が「ティナ」（There Is No Alternativeの略）と呼ばれた逸話を思い起こさせる、いかにもテクノクラティックで、議論を封殺し思考停止を促す「他に選択肢がない」は、市民の間に確実に政治不信を募らせた。

実際、二〇一〇年八月の世論調査によれば、ドイツ人の八八%は、現在の資本主義システムが「社会における社会的均衡」にも「環境保護」、あるいは「資源との周到な関わり」にも配慮していないとして、「新しい経済秩序」を望んでいる。[13] 二〇一二年二月二二日の『フランクフルター・アルゲマイネ』(FAZ)紙でも、四八%が「資本主義はもはや世界に合わない」と見なし、「そうは思わない」という一八%を大きく引き離している。「所得格差が大きすぎる」(七〇%)、「雇用不安が大きすぎる」(六二%)、「人間が人間としてではなく、生産要因としてしか捉えられていない」(五八%)、「市場経済は利己主義と肘鉄社会を助長する」(五〇%)、「市場経済は強者に有利な体制だ」(四八%)といった状況を見れば、資本主義・市場経済への批判的な眼差しは十分存在しているのである。

ところが、冷戦の終結をもって、政治上の左右の対抗的形態が終わったと結論づけ、啓蒙思想という人類の知的遺産を継承する左翼を「過去の遺物」として片づける議論が横行する世界で現出しているのは、ベルギー出身の政治学者、シャンタル・ムフが指摘するように、新自由主義のヘゲモニーの下での右翼ポピュリズムの台頭である。[14] つまり、政治的な境界線が不明確になったことで、政党への無関心が進み、民族・宗教など、他の集合的アイデンティティに人々が惹きつけられてしまっているのが、世界の現状なのである。「対立をはらむ合意形成」の必要性を説くムフは、根本的対立を回避し、現代資本主義の批判的分析を度外視する「対話型民主主義」や、主権を侵害する国際機関の権利を正当化することで、多くの国々の市民にとっての民主的な自己統治の権利を否定する「コスモポリティカル民主主義」ではなく、万人に対する自由と平等という倫理的政治的価値についての合意形成と、その解釈をめぐる不同意をめぐる対抗者同士の政治としての「闘技民主主義（agonistic democracy）」を提唱する。そして、民主主義を民主化し、既存の権力関係を変革する対抗モデル（adversarial model）の必要性を唱えているわけである。

昨今、「熟議民主主義（deliberative democracy）」が頻りに唱えられている。なるほど、「民主主義は多数決」という単純な発想に比べ、熟慮と議論を通じてコンセンサスを追求するのは、民主主義の成熟にとってはるかに好ましい。しかし、新自由主義に支配されて、中間層が没落し、国内の同質性が破壊されつつある今日、熟議を行う前提は多分に損なわれているのではないだろうか。

そして、そこに付け込む右翼ポピュリズムの隆盛は、ドイツも例外ではない。「他に選択肢がない」を逆手に取った党名の「ドイツのための選択肢」（ＡｆＤ）が、それである。二〇一一年一二月まで三三年間ＣＤＵ党員だったハンブルク大学のマクロ経済学教授、ベルント・ルッケらが二〇一三年二月に結成したＡｆＤは、ユーロ紙幣を焼く派手なパフォーマンスも手伝って、九月の連邦議会選挙で得票率四・七％に達し、翌年の欧州議会選挙、ザクセン・ブランデンブルク・テューリンゲン各州議会選挙では議席獲得に成功した。

ＡｆＤは、「反ユーロ」を唱えるだけでなく、「ドイツのための市民連合（Zivile Koalition für Deutschland）」、「自由（Die Freiheit）」、「アイデンティティ運動（identitäre Bewegung）」など、難民排除、反イスラーム、反多文化主義を掲げる超保守ないし極右の集団が多数流入した政治組織である。また、いかにも「教授党」らしくと言うべきか、あからさまなエリート主義的主張も目立つ。つまりＡｆＤ

は、新自由主義的な成果主義、価値不平等のイデオロギー、「豊かさのショーヴィニズム」とともに、移民の制限・排斥と多文化主義反対、反同性婚・反ジェンダーを訴える抗議政党と言える。

そして草の根では、それに呼応するかのように、「西洋のイスラーム化に反対する愛国的欧州人」(PEGIDA)なる運動がドレスデンで始まり、ライプツィヒ、ミュンヒェン、デュッセルドルフなどさまざまな都市、さらに国外にまで飛び火している。震源地ドレスデンで、外国人の割合は住民のわずか四・一%に過ぎないにもかかわらず、二〇一三年末の世論調査によれば、その比率は平均一二・四六%と過大に見積もられている。[15] 二〇一四年一月一日より、二〇〇七年にEU加盟したルーマニア・ブルガリア両国民のEU圏内での就労制限が解かれることも背景に、三四%は「ドレスデンにこれ以上の外国人は不要」と答えている。こうした意識の背景には、二月一三日の空襲記念日が、ナチス=ドイツの加害を相対化・無害化しようとするネオナチによって悪用されてきたこと、[16] それだけでなく同地の検察が、抗議デモに参加したボド・ラーメロウ・テューリンゲン州議会左翼党議員団長(当時)やイエーナの牧師ローター・ケーニッヒを、集会法違反や騒擾罪の廉で弾圧しようと試みたことも影響していよう。

いずれにしても、「西洋のイスラーム化」、「自己のアイデンティティの喪失」に反対するというのは、ものごとを「吟味し、熟考し、疑い、理論化し、批判し、想像する」姿勢とは対極的な、「ある架空の、まったく抽象的な敵意にもとづ」く反知性主義を示すものと言える。[17] 知識人や既成の政党・メディアを嫌悪する彼らは、「ミナレットのあるモスクは、イスラームによる土地強奪のシンボルだ」、「今日寛容を示せば、明日は自国で異邦人となる」、「欧州はイスラームに支配された大陸になる」など、きわめて非合理主義的でドイツ民族主義的・反民主主義的なスローガンを叫ぶＡｆＤ関係者と気脈を通じている。こうした風潮が高まっているからこそ、二〇一四年一二月一二日、バイエルン州のフォラにある難民収容施設が放火され、ハーケンクロイツが落書きされる事件なども起こったのである。

　新自由主義のグローバル化が格差を広げて中間層を零落の危機に晒し、社会の紐帯を分断して、勝ち負け・損得と「自己責任」という画一的な人間観を強要している今日、「人間の尊厳は不可侵である。これを尊重し、および保護することは、すべての国家権力の義務である」（基本法第一条）という、ドイツが真っ先に掲げる憲法原理も揺らいでいる。だからこそ、論理的な思考や知的な省察を拒絶し、自らの善性を自明の前提とする情緒的・感情的な「愛国」運動はもとより、「秩序」と「伝統」をアプリオリに重んじる「右翼」に対抗して、人間の知的努力を通じ、より多くの民主主義を追求し、経済の発展をコントロールし、社会をより人間的なものにする政治、つまり「自由、平等、連帯、人権、民主主義、それに……宗教からの独立……にエコロジーを追加[18]」した「左翼」の政治が求められているのではないだろうか。

1　丸山眞男「現代における態度決定」『現代政治の思想と行動』増補版、未來社、一九六四年、四五六頁。
2　小林よしのり『新ゴーマニズム宣言SPECIAL 戦争論』幻冬舎、一九九八年、二一四～二一五頁。

3　島田雅彦『優しいサヨクのための嬉遊曲』福武書店、一九八三年。
4　ノルベルト・ボッビオ『右と左―政治的区別の理由と意味』御茶の水書房、一九九八年、原著一九九四年。
5　中谷美穂『日本における新しい市民意識―ニュー・ポリティカル・カルチャーの台頭』慶應義塾大学出版会、二〇〇五年、二五頁。
6　賀来健輔・丸山仁編著『ニュー・ポリティクスの政治学』ミネルヴァ書房、二〇〇〇年。
7　トマ・ピケティ『21世紀の資本』みすず書房、二〇一四年。
8　フリッツ・フィルマー編『岐路に立つ統一ドイツ―果てしなき「東」の植民地化』青木書店、二〇〇一年参照。
9　「黒赤金」の国旗はともかく、国歌のあり方については、「統一」時に論争があった。東西の市民運動家たちは、ヨーゼフ・ハイドン作曲のメロディーはそのままにし、ベルト・ブレヒトが一九五〇年に創作した「子どものための国歌（Kinderhymne）」を歌詞として採用するよう主張した。
　一九九一年八月、リヒャルト・フォン・ヴァイツゼッカー大統領とコール首相の往復書簡に基づき、同年一一月二九日の官報で最終的に確定したドイツ国歌は、民族主義詩人、アウグスト・ハインリヒ・ホフマン・フォン・ファラースレーベンが一八四一年に書いた「ドイツ人の歌」の第三節で、「統一と正義と自由を／祖国ドイツに！」と始まる。これに対し、ブレヒトの「子どものための国歌」は、あくまでも諸国民との友好を謳っている。
　「やさしさも苦労も／情熱も知恵も、惜しんではいけない／よいドイツが花咲くように／ほかのよい
　国と同じようなドイツが
　世界の人たちがまるで強盗にでも出会ったように／青ざめることなく／ぼくらに手を差し出してく

れるように／ほかの国の人たちへと同じように
そしてぼくらは、ほかの国の人たちの上にも／下にも立とうと思わない／北の海からアルプスに／
オーダー川からライン川にかけて住むぼくらは
そして、ぼくらはこの国をよくし／愛し守っていきたい／ぼくらはこの国が一番好きだ／どの国の
人も自分の国が好きであるように」

10 テッサ・モーリス＝スズキ『自由を耐え忍ぶ』岩波書店、二〇〇四年、八頁。

11 http://www.unwortdesjahres.net/

12 ちなみに、二〇世紀の「嫌な言葉」は「人材（Menschenmaterial）」である。

13 http://www.zeit.de/2010/34/Emnid-Umfrage

14 シャンタル・ムフ『政治的なものについて——闘技的民主主義と多元主義的グローバル秩序の構築』明石書店、二〇〇八年、原著二〇〇五年。

15 http://www.dnn-online.de/dresden/web/dresden-nachrichten/detail/-/specific/DNN-Barometer-Drittel-der-Dresdner-lehnt-weitere-Auslaender-ab-3849356232

16 拙稿「ドレスデンに見る空襲周年記念と歴史和解」『季刊戦争責任研究』第八二号（二〇一四年夏季号）参照。

17 リチャード・ホーフスタッター『アメリカの反知性主義』みすず書房、二〇〇三年、二一・四一頁。

18 アンリ・ウェベール『娘たちと話す左翼ってなに？』現代企画室、二〇〇四年、六六頁。

第2章　「シュレーダー改革」の長い影

二〇一二年一二月一八日、アンゲラ・メルケル首相の在任日数は二五八四日となり、ゲアハルト・シュレーダー前首相を抜き去った。女性、東独出身、プロテスタントというハンディを乗り越えてキリスト教民主同盟（CDU）党内で揺るぎない地位を確立し、国内の政治家として絶大な人気を集め続けている才覚は、多くの人が認めるところであろう。

しかし、そうした個人的要素とは別に、メルケルが率いる「大連合」（二〇〇五年一一月二二日〜）、「黒黄連合」（二〇〇九年一〇月二八日〜）、そして新たな「大連合政権」（二〇一三年一二月一七日〜）の政策的基盤は、実はシュレーダー首相下の社会民主党（SPD）・90年連合／緑の党（以下、緑の党）による「赤緑政権」時代に形成されていたのである。[1]

「赤緑連合政権」は、一九九八年九月二七日の総選挙の結果、戦後ドイツ政治史上初めて、選挙による政権交代を通じて誕生した。だが、「われわれは何もかも別のやり方でやるつもりはないが、多くをうまくやる」というＳＰＤの選挙スローガンが予感させたとおり、政権交代は政治の根本的転換を意味しなかった。それどころか「赤緑連合」は、それまでの保守政権が到底成し得なかった、戦後培ってきた社会国家・平和外交路線の解体を推し進めてしまった。そしてこれこそが、左翼党が明確な対立軸を示し、その存在理由を示しているイシューなのである。そこで、まず本章では、「シュレーダー改革」の意味を、「統一」後のドイツの歩みの中で位置づけることにしよう。

１　「ハルツⅣ」の導入──社会国家の解体

「ドイツ統一」に先立って、一九九〇年七月一日に発効した「通貨・経済・社会同盟の創設に関する条約（国家条約）」により、東独地域に西独の通貨、ドイツ＝マルクが導入された。給与・年金・家賃などは一対一、預貯金は一定額が一対一で、残りは西一対東二という交換比率は、当時の東独の産業競争力を軽視した政治的決定であった。こうして東独市民は、消費者としては世界有数の強い通貨を手にして狂喜したが、ほどなく生産者として自分たちの生活基盤の崩壊に直面することになったのである。連邦政府直属の信託公社は、しばしば不透明な売却価格で、また地域全体の経済構造に配慮せずに、ひたすら国営企業の急速な民営化を進めたため、失業者の激増を招いた。こうしてコール首相（ＣＤＵ）が約束した東独の「華々しい光景」は、空手形に終わった。

表２-１は、統一後五年おきの東西ドイツ失業率を示している。東独の失業率は、常に西の二倍の

表2-1　東西ドイツの失業率

	全独	西独	東独
1995年	9.4%	8.1%	13.9%
2000年	9.6%	7.6%	17.1%
2005年	11.7%	9.9%	18.7%
2010年	7.7%	6.6%	12.0%

Bundesagentur für Arbeit, *Arbeitsmarkt in Deutschland－Zeitreihen bis 2012*, o.O. 2013, S.56

図2-1　東西ドイツにおける所得の推移（純所得の中央値、単位ユーロ）

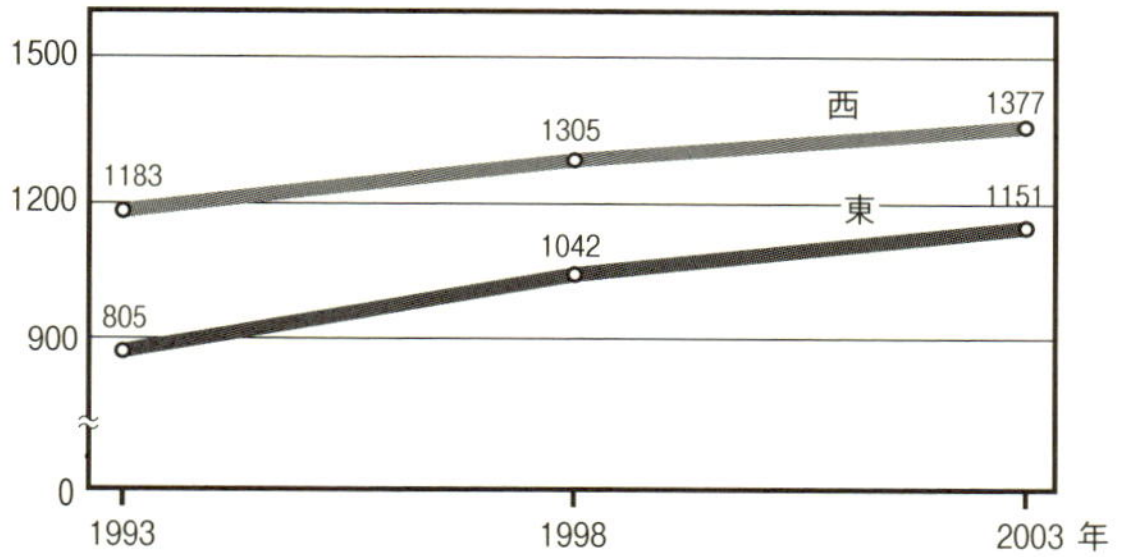

http://www.bpb.de/geschichte/deutsche-einheit/lange-wege-der-deutschen-einheit/47436/einkommen-und-vermoegen?p=0

水準である。

また図2-1は、東西ドイツにおける所得の中央値の推移である。一九九三年、東独市民の所得は西独の七二％であったが、一〇年後は八四％となっている。結局のところ、東西の格差は解消されることはなく、東の一人当たり国内総生産（GDP）も、西の七割程度にとどまっている。

他方、西独向けに政府は当初、「統一」に伴う財政負担の増加に関し、増税によらず、歳出の大幅削減で対処するとしていた。だがその後、湾岸戦争支援のための支出も加わってこの立場を維持できなくなり、一九九一年六月二四日に成立した法律で、一年限りの連帯付加税が創設されるとともに、鉱油税、保険税、たばこ税の税率が引き上げられた。連帯付加税は、当座一九九一年七月より一年間に限り所得税、法人税の税額に対して七・五％の付加税を課税するものであったが、一九九五年一月に再び七・五％の税率で導入され、一九九八年一月からは税率が五・五％に引き下げられて現在まで続いている。[2] そして既に、二〇一九年に期限切れとなる連帯付加税の存続の是非に関する議論が始まっている。

しかし考えてみれば、既にコールが西独首相だった時期から、経済の停滞は重大な政治課題になっていた。失業問題を背景に極右・共和党が、一九八九年一月二九日の西ベルリン市議会選挙で七・五％、六月一八日の欧州議会選挙で七・一％を獲得したことは西独社会に衝撃を与え、次期総選挙での政権交代はかなり有力視されていた。ＤＤＲの政変と崩壊は、コール政権与党にとって思わぬ幸運となったが、強引な「統一」をもってしても、構造的な経済問題が解消されたわけではなかった。

政権を引き継いだ「赤緑連合」は当初、失業の削減、雇用の創出、ドイツ企業の競争力の向上を目的に、政労使による「雇用のための同盟」を制度化した。だが、一九九八年一二月から二〇〇一年三月まで、七回にわたるトップ会談を重ねても、めぼしい成果を挙げられなかったことは、シュレーダー首相が一連の「ハルツ改革」に踏み切る伏線となった。

二〇〇二年八月一六日、フォルクスヴァーゲン社の労務担当役員、ペーター・ハルツをトップとする政府諮問委員会が、労働市場政策の改革提言を行った。ハルツは、これによって三年後には失業者数を二〇〇万人にまで減らせると大見得を切った。

まず、いわゆる「ハルツⅠ」・「ハルツⅡ」法案が同年一二月一九日、連邦議会を通過し、翌年一月より施行された。「ハルツⅠ」は、就労斡旋が困難な失業者に対し、出向を通じて労働市場への即時復帰を可能にする民間の人事サービスエージェンシー（PSA）を設置することを定め、「ハルツⅡ」は、「ミニジョブ」の規定を簡素化し、低賃金雇用の受け入れ促進を図った。これは具体的には、賃金が月額四〇〇ユーロ以下の雇用で、労働者側が社会保険料負担なしに額面どおりの賃金を受け取れる仕組みであった。

さらに、翌年一〇月一七日には、官僚主義的な就労斡旋からの脱皮を目指して、連邦雇用庁を連邦雇用エージェンシー（BA）に衣替えする「ハルツⅢ」と、最も激しい議論の的となる「ハルツⅣ」が、連邦議会を通過した。

「ハルツⅣ」は、「助成と要求」をモットーに、失業給付制度を大幅に変更し、一年以上職に就いていない長期失業者に対する失業救済金を、生活保護の給付水準にまで引き下げ、「第二種失業給付金」として一本化したものである。長期失業者は、「ドイツ統一」の影響で倒産したかつての国営企業を抱える旧DDR地帯に集中していたことから、東独諸州は「ハルツⅣ」の導入に反対、草の根レベルでも東西で抗議運動が展開された。しかし結局、同法案は二〇〇四年七月九日、連邦参議院の承認を得て成立した。

「第二種失業給付金」の基本額は当初、単身者や単身で子育てしている者は西三四五ユーロ、東三三一ユーロ、同居パートナー一人当たり西三一一ユーロ、東二九八ユーロ、自前の生計を立てていない成人および一五～一八歳の子どもは西二七六ユーロ、東二六五ユーロ、一四歳以下の子どもは西二〇七ユーロ、東一九九ユーロであった。東の給付額が西並みに引き上げられたのは、二〇〇六年七月のことである。

「ハルツⅣ」では、上記の基礎的な給付に、家賃・光熱費などが加算された。従来と異なり、この給付金は、配偶者が就労していれば支給されず、受給者は、個人の生活領域まで監督され、不当に「高価」な家屋・住宅・自動車・養老保険などの保有や、子どもの貯金の隠し財産化が許されなくなった。そして、いかなる職種であろうと、提供された仕事に就く義務を負い、これを拒否すれば給付が削減されることになった。

「〔経済界の〕ボスたちの同志」と呼ばれたシュレーダー首相の下で進められた労働市場の柔軟化政策は、言うまでもなくグローバル化、人口動態の変化、厳しい財政状況に鑑みて、現在の社会国家は支払不能だという認識に基づいている。「ハルツⅣ」が実施されて丸一〇年が経過し、この「改革」の擁護者は、好調な経済と失業者数の減少を指摘している。

たしかにドイツのGDPは、二〇〇六年久々に三・〇％増を記録、二〇〇九年はリーマンショック後の世界同時不況の影響で、マイナス五・一％と戦後最悪の景気後退を経験したが、堅調な輸出に支えられて、翌年はプラス三・七％、二〇一一年も三・〇％と、不況の後遺症から急速に立ち直った。その後二年はほぼ横ばいと景気が減速気味であったが、連邦統計局の発表（二〇一五年一月一五日）によると、二〇一四年のGDPは前年比一・五％増（速報ベース）と、久々の高水準に達した。

図2-2　ドイツにおける失業者数および失業率の推移

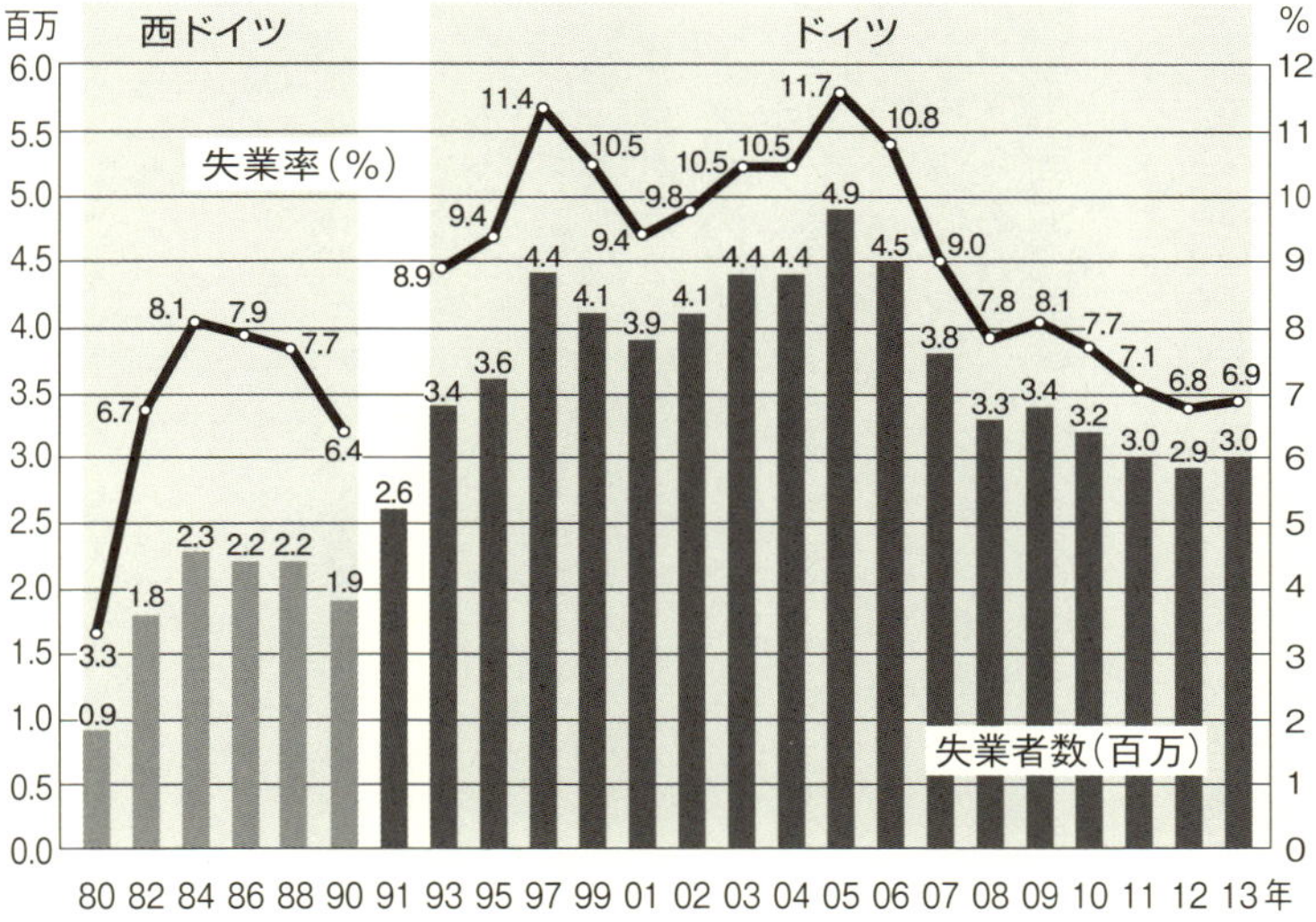

http://www.bpb.de/wissen/H9NU28,0,Arbeitslose_und_Arbeitslosenquote.html

失業者の数も、「ハルツⅣ」が施行された二〇〇五年一月には、前月の四四六・四万人から一気に五〇三・七万人に跳ね上がったが、その後は目立って減少し、二〇一一年には、ドイツ統一後初めて三〇〇万人を下回った(図2-2)。二〇一二年末では、失業者数は二八四・〇万人、失業率は六・七%で、前月より八・八万人(〇・二%)増、前年より五・九万人(〇・一%)増となっている。

ところが国民の大多数は、そうした「改革」の「成果」が、ひと握りの富裕層・企業家に還元されるにすぎないと考えている。もともとシュレーダー政権期、「改革に臨んで、政府は社会的公正に努力していない」と見なす割合は、五九%(二〇〇二年)から七三%(二〇〇四年)と増大していた。[3] メルケル首相になっても、「経済がうまくいっても、人々はその恩恵にあずかれない」と六九％（東七一％、西六八％）が見なし、[4] ドイツを「不公正」な国と見るのが六八％と、「公正」一六％を大きく上回った。[5] そして、相対的多数（四八％）が、今の資本主義は不適切だと捉え（「そう思わない」は一八％、「わからない」は三四％）、六六％はドイツがその資本主義体制の国だと見なしているのである。[6] 資本主義と社会主義の対抗関係の記憶が鮮明だった一九九二年には、連邦市民の四八％が、資本主義を「自由」と結びつけていたが、二〇年後その数値はわずか二七％になった。資本主義から「進歩」を連想するのも、同じ二〇年間で、六九％から三八％まで下落した。

この社会的に不公正だという自国イメージは、新自由主義的なグローバル化の圧力で、雇用の安定や社会福祉を重視する「社会的市場経済」が崩壊した現実の反映である。実際、「ミニジョブ」を初め、パートタイマーや期間社員、派遣労働者など、増大する非正規雇用は、低賃金セクターをむしろ固定化させ、社会保険加入義務のある仕事への橋渡しにはならず、ワーキング・プアーの状況を深刻化させた。

こうして、「ハルツⅣ」の制度的定着に伴い、貧困がドイツの一大テーマとなった。早くも二〇〇六年一〇月、ＳＰＤ系のフリードリヒ・エーベルト財団は「改革過程の中の社会」という報告書を発表、「貧困論争」の口火を切った。[7] それによれば、人口の八％（西独四％、東独二〇％）に当たる六五〇万人が新しい社会的下層を形成し、六三％が「変化への不安」を覚え、四四％が「国家から置き去りにされている」と感じ、六一％が「もはや中間が存在せず、上と下しかない」と捉えるなど、あらゆる社会集団が大きな不安に晒されていた。

二〇一〇年二月九日、「ハルツⅣ」の規定を違憲と認定した連邦憲法裁判所の判決を受けて、同年一二月三日連邦議会は、翌年一月の受給額引き上げを、賛成三〇一、反対二五三で決議した。しかしそれは、成人月額三六四ユーロへとわずか五ユーロ上乗せするという、当事者にとっては侮辱的なものであった[8]。

二〇一二年五月、ドイツ労働総同盟（ＤＧＢ）系のハンス・ベックラー財団が発表したところによると、ドイツでは二〇〇九年、就労者の七・一％が貧困層に属していた。しかも、二〇〇四〜〇九年に欧州連合（ＥＵ）圏内でワーキング・プアーが増加した割合は、ドイツが一一・二％で最悪であった（ＥＵ平均は＋〇・二％）[9]。

この年の九月半ばには、連邦政府による第四次「貧困報告書」の草案が報道された。それによれば、一〇％の最富裕層が私有財産全体に占める割合は、一九九八年時の四五％から一〇年後に五三％に増大、逆に一〇％の最貧困層の占める割合は四％からわずか一％に低下した[10]。ところが一一月下旬、連邦政府は草案の内容を改変、ドイツで貧富の格差が一層進んでいる事実を削除した。この粉飾に、新自由主義を奉じるＦＤＰのフィリップ・レースラー副首相兼経済相の意向が働いたことは明白である。

これに対し一二月下旬、「ドイツ無宗派福祉連盟」が自前の「貧困報告書」を発表、ドイツで二〇〇六年以降貧困層が恒常的に増加し、ついに「統一」後最悪の一五・一％（西独一四・〇％、東独一九・五％）に達したことを明らかにした[11]。貧困に晒されているとする指標は、ＥＵ圏では、月々の収入が

図2-3　ドイツの州別貧困率（2013年）

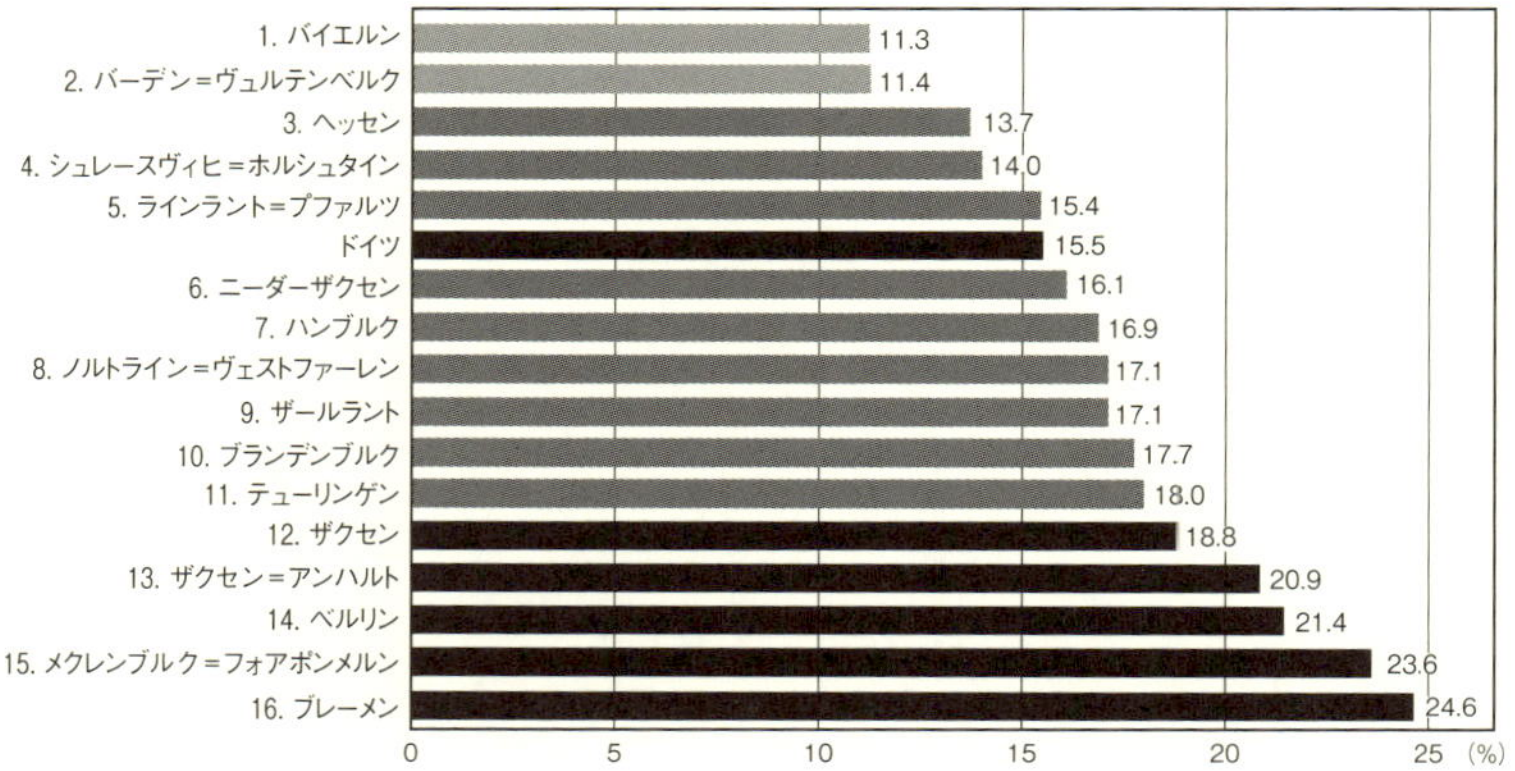

http://www.der-paritaetische.de/index.php?eID=tx_nawsecuredl&u=0&g=0&t=1425988529&hash=4a601dc63ddf38781a56f3b311ebc70efd7d64dc&file=fileadmin/dokumente/2015_Armutsbericht /150219_armutsbericht.pdf

全所得の中央値の六割未満であるが、ドイツの場合それは、単身世帯で七六四ユーロ未満、子どものいない夫婦の世帯で一三七六ユーロ未満となる。

「ドイツ無宗派福祉連盟」の調査報告によれば、ドイツの貧困率は二〇一二年一五・二％、二〇一三年一五・五％と、失業率の低下にもかかわらず深刻化の一途をたどり、今や全一六連邦州のうち四州で、貧困層の割合が二〇％を越えている（図2-3）。また、六五歳以上の年齢層では、貧困率が二〇〇六年以降三七・五％増という雪崩現象を示している。

二〇一五年、月々の「ハルツⅣ」基準給付額は、単身者や単身で子育てしている者三九九ユーロ、同居パートナー一人当たり三六〇ユーロ、自前の生計を立てていない成人三二〇ユーロ、一五～一八歳三〇二ユーロ、七～一四歳二六七ユーロ、〇～六歳児二三四ユーロである。ちなみに、交通費として支給されるのはわずか二五ユーロで、公共交通で通勤するのを諦めている人も少なくない。

二〇一四年の時点で、住民に占める「ハルツⅣ」受給者の割合は、東独平均（ベルリンを除く）一〇%、西独平均六・四%で、州別には、ベルリン特別市一六・七%、ブレーメン特別市一四・一%、ザクセン＝アンハルト州一二%、メクレンブルク＝フォアポンメルン州一一・四%、ハンブルク特別市一〇・三%の順である。[12] 受給者の三人に一人は、終日労働に従事するワーキング・プアーである。「助成と要求」の原則のうち、就労を受け入れるよう求め、これを拒めば制裁を加えるという「要求」はしっかり実践されている一方で、職業教育の予算は削られ、失業者の三人に一人は長期失業者、「ハルツⅣ」受給者の二人に一人は、既に四年以上国家的支援を受けているという現実は、「助成」があまり機能していないことを物語っている。

2 国外派兵の常態化

もともとドイツ統一の国際的枠組みを定めたのは、一九九〇年九月一二日モスクワで調印されたいわゆる「2＋4条約」（正式には「ドイツ問題の最終解決に関する条約」）である。そこで、統一ドイツは「憲法と国連憲章が一致した場合を除き、武力を行使しないことを宣言」し（第二条）、また国防力に関して、ＡＢＣ兵器を製造・保有・管理せず、兵力を東西合計六〇万人弱から三七万人までに削減すると約束した（第三条）。他方で、この条約によってドイツが同盟に加わる権利は規制されないとして（第六条）、統一ドイツの北大西洋条約機構（ＮＡＴＯ）残留が認められた。

両独政府が「ドイツの地から平和のみが発するとの声明を保証」（第二条）したにもかかわらず、翌年一月一七日に始まった湾岸戦争で、多国籍軍に約一八〇億マルク財政支援する「小切手外交」が、米国などの不興を買ったことから、ドイツも具体的な軍事的貢献を画策するようになった。[13]

ドイツの軍事的「国際貢献」は、一九九四年七月一二日、連邦憲法裁判所の判決によって新たな段階を迎えた。すなわち、同裁判所は、連邦議会の過半数の賛成を条件としつつも、ＮＡＴＯ域外への連邦軍派兵（いわゆるout of area）に合憲の判決を下したのである。これを受け政府は早速、国連の対新ユーゴ経済制裁を監視するためアドリア海に派遣している海軍に武力行使を認める閣議決定を行い、議会の承認を得た。翌年六月三〇日、連邦議会は、初の連邦軍域外派兵であるボスニア派兵を、賛成三八六票、反対二五八票、棄権一一票で可決した。こうして一九九五年九月一日、奇しくもナチス＝ドイツのポーランド侵攻からちょうど五六年後、ドイツはＮＡＴＯの空軍作戦に参加、連邦軍兵士は事実上武力紛争の中に身を置くことになったのである。

海外派兵の容認に向け、政治姿勢を最も変化させた政党は、結党時「非暴力」を基本原則の一つに掲げていた緑の党である。一九九五年一二月二日のブレーメン党大会は、ボスニア戦争に関連し、連邦軍の国連平和維持活動への参加を肯定した。また、民族虐殺・婦女暴行阻止のために武力行使を認める案は、否決されたものの、三八％の賛成を集めた。四日後の連邦議会でも、同党の一部議員が、ＮＡＴＯを中心に編成された重装備のボスニア平和履行軍（ＩＦＯＲ）へのドイツの参加を支持し、全体としては賛成五四三票、反対一〇七票、棄権六票で、政府案が承認された。

そしてドイツは、ついに一九九九年三月二四日に始まったユーゴ空爆に加わった。第二次大戦後初めてこの国が直接戦闘行為を行うのを、よりによって、反戦・平和運動に縁の深いSPDと緑の党の政権が決定したのである。[14] 戦後ドイツは、「二度とアウシュヴィッツを繰り返さない」と「二度と戦争をしない」を二重の公理としていた。ところが今や「二度とアウシュヴィッツを繰り返さない」の名の下に、「二度と戦争をしない」という原則が放棄された。

コソヴォにおける「人道的危機」を理由に、国連の承認を経ないまま強行されたユーゴ空爆への参加に対し、国際法、基本法第二六条、[15] 刑法第八〇条[16]に違反した廉で、首相・外相・国防相を告発する動きが相次いだ。五月一三日、緑の党のビーレフェルト臨時党大会では、ヨシュカ・フィッシャー外相の右耳に赤い絵の具入りの風船がぶつけられる騒ぎも起こったが、NATO空爆の一時停止を求める動議は四四四票を集め、一方的即時無期限停止の三一八票を上回った。このように、ユーゴ空爆への参加は、ドイツにおける反ミリタリズム・コンセンサスを大きく掘り崩した。

二〇〇一年、「9・11」を受けて米国への「無制限の連帯」を表明したシュレーダー首相は、一一月一六日、自らの信任問題と絡めて、アフガニスタン派兵の是非を連邦議会の採決に付託した。派兵問題と信任問題が絡んだ背景には、NATOのマケドニア介入に連邦軍が参加することの是非を問う連邦議会の採決があった。同年八月二九日、連邦議会は、賛成四九七票、反対一三〇票、棄権八票で、政府案を承認した。しかし、SPDから一九名、緑の党から五名が造反したため、「赤緑」単独での過半数には達しなかったのである。

そして、一一月一六日の採決では、本来派兵を支持する保守・リベラル派が決議に反対し、逆に派兵をためらう一部与党議員が賛成に回るという奇妙な状況が生まれた。そこで緑の党は、政府方針に反対する議員を四人に抑え、三三六対三二六という僅差で政局を乗り切った。こうして実現させたアフガニスタン派兵により、ドイツは「軍隊は、防衛を除いては、この基本法が明文で認めている場合に限って出動することができる」と定めた基本法第八七a条をも空洞化させることになった。

シュレーダー政権のペーター・シュトルック国防相（SPD）は、アフガン派兵を正当化して二〇〇二年一二月四日、「ドイツの安全は、ヒンドゥークシでも守られている」と強弁した。さらに二〇〇四年一月一三日には、「連邦軍が介入するかもしれない地域は、全世界だ」と述べるまでに至った。

このように、新自由主義を基調とするグローバル化の中で、グローバルな経済的権益をグローバルな軍事力の展開で確保しようとする志向性は、二〇〇六年一〇月二五日の『防衛白書』でも明瞭に看取できる。[17]『白書』は、それまでの「人道」に代わって「国益」を強調し、連邦軍の目標として「我が国の利益を守り〔中略〕我々の豊かさの基盤としての自由で妨げのない世界貿易を促進」（二四頁）することを掲げている。この認識の延長線上に、二〇一〇年五月二二日、当時のホルスト・ケーラー大統領がアフガニスタン訪問の帰路、「貿易を志向し、貿易に依存する我が国ほどの大きさの国は、たとえば自由な通商路、たとえば地域全体の不安定化の阻止など、我々の利益を守るため、疑わしい場合、非常の場合に軍事力の投入が不可欠だ」と発言して辞任に追い込まれた事件を位置付けることができる。

もっとも、このようなドイツの軍事化傾向は、一国レベルの現象ではなく、EUの動向と密接に関連している。米英による一方的なイラク攻撃の記憶がなお鮮明な二〇〇三年一二月一二〜一三日、首脳会議で初めての欧州独自の安全保障戦略（ESS）を発表したEUは、米国と並ぶ「グローバル・プレーヤー」を自認し、軍事的介入主義を標榜した。そこでEUは主たる脅威として、大量破壊兵器・地域紛争・破綻国家・組織犯罪と並んで、普遍的定義を欠いたまま「テロリズム」を挙げ、「新しい脅威に際して、しばしば外国に第一の防衛線」を張るとした。そして、「安全保障は発展の前提」と一方的に定義することで、構造的暴力や「経済的・社会的・文化的・人道的性質を有する国際問題」（国連憲章第一条第三項）の克服を後回しにした。

二〇〇九年一二月一日に発効したリスボン条約では、EUは、加盟国による軍事力向上の義務、「欧州防衛庁」の設置、先行加盟国による軍事的な「恒常的構造協力」の設立などを約した。同条約に「軍縮」の文字は一カ所にだけ登場するが、それはEU自体には関係せず、紛争地域における軍事的ポテンシャルの削減を意味するにすぎない。さらに、EUへのノーベル平和賞授与が発表される約一カ月前の二〇一二年九月一七日には、独仏伊など加盟一一カ国の外相が、「EUをグローバルなレベルで真のアクターにするため」EU軍の設置に賛同したという報告がなされている。

その中心にいるドイツの連邦議会は、連邦軍のコソヴォ駐留を認める一九九九年六月一一日のKFOR決議（賛成五〇五、反対二四、保留一二）を皮切りに、二〇〇一年一二月二二日のアフガニスタン

ISAF決議（賛成五三八、反対三五、保留八）、二〇〇六年九月二〇日のレバノン沖UNIFL決議（賛成四四二、反対一五二、保留五）など、次々と連邦軍の国外派兵を承認した。アフガニスタンにおける連邦軍の駐留延長も、毎年のように繰り返された。

この間ドイツは、二〇〇三年のイラク戦争には反対した。前年八月、翌月二二日の総選挙を控え、劣勢を伝えられるシュレーダー首相は、起死回生を狙ってイラク反戦を訴えた。ただしそれは徹底した反戦ではなく、米英軍のイラク侵攻に際しては、在独軍事基地の使用やドイツ領空の通過が容認され、事実上の後方支援が行われた[18]。それどころか、ドイツの諜報機関である連邦情報局の職員は、イラク戦争の最中、現地で米軍に空爆目標に関する情報を提供した。これらの事実は、政府レベルの「イラク反戦」が、実行を伴わない宣伝にすぎなかったことを示している。

またドイツでは、二〇一一年七月一日をもって徴兵制が「停止」された。これは、事実上徴兵制の廃止を意味する。もともとメルケル首相は「社会と軍の重要なかすがい」として徴兵制維持を支持していた。ところが、ギリシャの債務危機の深刻化とそれに続くユーロへの悲観論の高まりという事態に直面し、ユーロ圏の財政赤字国に範を垂れるという意味合いもあって、二〇一〇年六月七日、向こう四年間で約八〇〇億ユーロに上る財政赤字削減計画を発表し、軍事費の見直しもせざるを得なくなったのである。

前年一〇月二六日、連邦軍構造委員会が提出した一一二ページの報告書「出動から考える。集中・柔軟性・効率」は、明確に徴兵制の「停止」を掲げた[19]。しかし、報告書の題名が示すとおり、連邦軍

図2-4　世界政治におけるドイツの役割

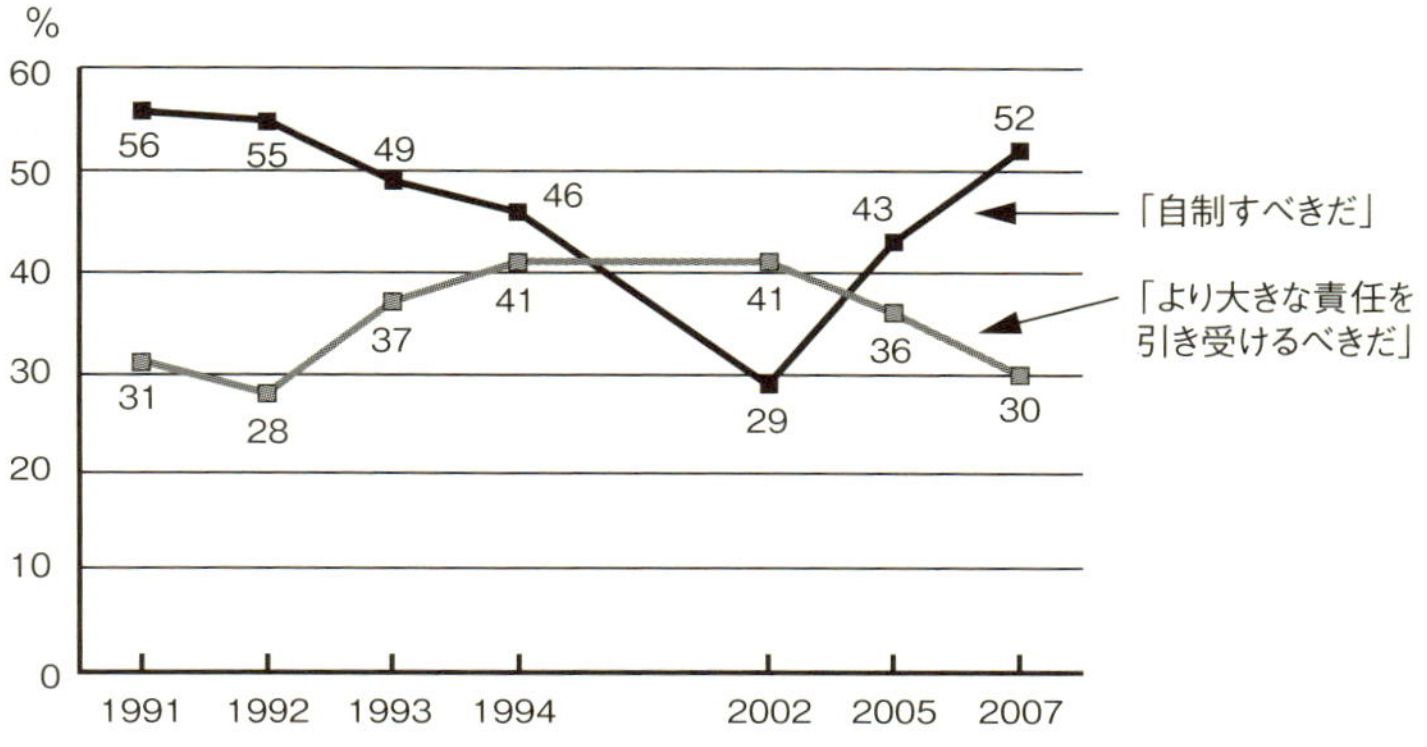

FAZ, 24. Januar 2007,S.5.

の大幅な構造改革は、決して軍縮を志向したものではない。[20] それは、「総合安全保障（vernetzte Sicherheit）」構想に導かれた「コンパクトで効率的で、同時に高性能の軍隊」（報告書三頁）に向け、その介入能力、要するに戦争遂行能力を高めることを目的としたものである。連邦軍の非効率性の克服は、一万五〇〇〇人規模の国外派兵を実現させるための前提なのである。

　連邦政府はまた、二〇〇九年七月六日に初の連邦軍「勇敢勲章」を授与、また同年九月八日、ベルリンに連邦軍栄誉記念碑を落成させ、国外派兵の「大義」を国民に浸透させようと躍起になった。二〇一四年一一月一五日にはさらに、ポツダム郊外に「想起の森」を開設、その間一〇三人とも一〇四人ともいわれる一九九二年以来国外で死亡した連邦軍兵士の追悼に当てた。

　このようにドイツでも、新自由主義に多かれ少なかれ同調的な政治・軍事エリートは、「グローバル化」への適応に努め、貧富の格差の拡大・固定化、自然環境・労働環境の悪化など、その政策がもたらす内外の矛盾に対処するため、「拳《こぶし》の権利」を強化している。しかし、図2-4が示すように、国民は、連邦軍の派兵範囲がとめどなく広がっていくことに非常に警戒的で、大国志向をはっきりと拒否している。[21]

とりわけ、合計五五人の連邦軍兵士が死亡しただけでなく、二〇〇九年九月四日のクンドゥス「誤爆」事件などを引き起こしたアフガニスタン派兵については、撤兵を求める声が強かった。二〇一〇年一月七日に放送された第一テレビの世論調査によると、連邦軍のアフガニスタン派兵について、「早期撤退」七一%が「駐留継続」二六%を大きく上回り、米国が打ち出した増派についても、「反対」八三%が「賛成」一五%を圧倒した。二〇一二年三月一六日の同世論調査では、アフガニスタンからの撤退時期について、予定の「二〇一四年末」を支持するのは二六%にとどまり、「早期撤兵」が五七%に達している（「長期駐留」は一二%）。

結局連邦議会は、雑駁に言って国民の三分の二が反対する派兵政策を、三分の二の賛成で通過させてきたが、さしたる成果を挙げることはできなかった。それにもかかわらず、二〇一四年末の駐留終了で、連邦軍がアフガニスタンから完全に撤退したわけではない。それに先駆けて、連邦議会は一二月一八日、賛成四七三、反対一〇二、保留一八で、ISAFを引き継いで、アフガニスタン国軍・治安部隊の訓練を行うNATOの「確固たる支援（Resolute Support）」任務に連邦軍が参加することを承認した。

世界におけるドイツの軍事的役割の増大という方向性は、同年一月三一日〜二月一日、ミュンヒェン安全保障会議で、ヨアヒム・ガウク大統領、ウルズラ・フォン・デア・ライエン国防相（CDU）、フランツ＝ヴァルター・シュタインマイアー外相（SPD）によってはっきりと打ち出された。ことに、もともと東独ロストック（現メクレンブルク＝フォアポンメルン州）で福音主義教会の牧師だったガウク大統領が、ドイツは「よきパートナーとして、より早期に、より決然と、より実体的に役立つべきだ」とし、「世間知らずか居心地の良さを隠すために、ドイツの歴史的罪責を利用」しないよう求めた演説は、内外に大きな反響を呼んだ。[22]

ガウク演説の起草者は、二〇一二年一一月、ポツダム近郊で安全保障の専門家らが編纂した「新しいパワー、新しい責任」に関わっている。[23]それは世界を、同じ志の「共闘者」、BRICSなどの「挑戦者」、イラン、北朝鮮や破綻国家などの「妨害者」の三つに分け、ドイツの価値観と利益への近さに応じた協力関係を提唱している。

連邦議会は二〇一四年九月一日に、「イスラーム国」の軍事攻勢に晒されているイラク北部のクルド人への武器供与を決議した。医薬品などの人道支援や、国境開放に向けたトルコへの働きかけをゆるがせにして、紛争地域に武器輸出をしないという原則を放棄することは、それらの武器が他の目的に使われたり、他の武装勢力の手に渡ったりして、火に油を注ぐ結果になりかねない。

そもそもドイツは、世界に冠たる武器輸出国である。二〇一四年三月一七日、ストックホルム国際平和研究所が発表した武器取引に関する年次報告書によれば、二〇〇九～一三年、ドイツは世界の武器輸出量の七％を占め、米国（二九％）、ロシア（二七％）に次いで第三位であった。

第二次世界大戦後の世界においてドイツ人は、再び戦争をせず、また戦争で儲けない政治を志向していたはずである。敗戦後七〇年を経てドイツが進む道は、新自由主義における外交の軍事化、戦争の商業化・民営化に迎合・便乗することなのだろうか。

3　新自由主義イデオロギーの浸透

ドイツでは、永らく「論争文化（Streitkultur）」が定着している。それまで通用していた規範や事実認識に疑問を呈し、別の可能性を追求することを通じて、論争は基本的に積極的意義を持つとされている。とりわけ民主主義社会にとって、多様な意見・利害の間のフェアな論争は不可欠である。

しかしながら、新自由主義の時代を迎え、本来「人間の尊厳は不可侵である」をいの一番の憲法原理に掲げるドイツでも、政治文化の深化ではなく、むしろ退行を招くような論争が目立つようになった。つまりご多分に漏れずこの国でも、競争原理と自己責任を至上とする新自由主義のイデオロギーが席巻し、「富者と銀行には国家社会主義で臨むが、中間層と貧者には新自由主義で臨む」[24]アンフェアな二重基準の政治を支える言説がまかり通るようになったのである。

この新自由主義の根本的問題性に、比較的早い時期に内在的な警鐘を鳴らしたのは、ロンドン・スクール・オブ・エコノミクスで長年教鞭を執り、学長も務めたドイツ出身の社会学者、ラルフ・ダーレンドルフである。国会議員だった父親の影響で当初SPD党員だった彼は、自由主義を奉じる立場からFDPに入党、一九六九～七〇年には同党選出の連邦議会議員となった。そして、「社会民主主義の世紀の終焉」を唱え、一九八二年、FDPが連合政権のパートナーをSPDからCDU／CSUに乗り換えるのを思想的に先導、その後も、ミルトン・フリードマンらの新自由主義とは一線を画しながらも、グローバル経済への積極的な関わりを主張し続けた。

だが晩年のダーレンドルフは、グローバル化の時代において、資本主義経済、社会的統合（連帯）、民主主義の三つが相互に調和するのは不可能で、社会が権威主義化していくという警告を発した。一九九七年一一月一四日付の週刊新聞『ディ・ツァイト』で彼は、グローバル化が民主主義にとって有益ではなく、民主主義の諸制度を、原子化された個人間の首尾一貫しないコミュニケーションに置き換えてしまっていると指摘し、二一世紀は、人間がさまざまなプロセスの主体ではなく客体と化す権威主義の世紀となるとの予測を打ち出した。その背景には、民主主義を伴わない経済成長・社会的団結の「アジア的」資本主義モデルが、連帯なき経済成長・民主主義のアングロサクソン型や、経済成長なき連帯・民主主義のライン型資本主義よりも魅力的に映っているとの認識があった。

いささか文脈は異なるが、党派的にはSPDを支持するノーベル賞作家、ギュンター・グラスも、第二次世界大戦終結六〇周年を記念した同紙二〇〇五年五月四日付で、六〇年前に贈られた自由が、株で儲けることと見間違えられているように、政治が経済に無力であることで民主主義が危険に晒されている状況を喝破している。そして彼は、人間を生産財か消費財としてしか見ない資本の権力がもたらす「新しい全体主義」への抵抗を訴えている。

しかしながら、二〇〇〇年代ドイツで繰り広げられた大論争は、むしろ「人間の尊厳」を冷笑し、勝ち負け・損得という貧弱な価値観を称揚するかのような立場から提起された。

第一は、ポストモダンの哲学者、ペーター・スローターダイクによる社会国家批判である。二〇〇二年から一〇年間続いた第二テレビのトークショー「哲学カルテット」の司会者としても人気を博し、日本でも数冊著作が翻訳されているスローターダイクは、二〇〇九年六月一三日付のＦＡＺ紙で、社会国家を激しく攻撃した。

論考の冒頭、スローターダイクは、フランスのアナキスト、ピエール＝ジョセフ・プルードンの『財産とは何か』（一八四〇年）の有名な一節「財産とは盗みである」を引用する。しかしそこに込められた意味は、私有財産制という所有者支配の体系を打破し、人間による人間の搾取と統治の廃絶を目指したプルードンとは真逆である。

つまりスローターダイクは、「半社会主義国家が有能な人間から泥棒政治的に（kleptokratisch）税金を奪う」と述べて、社会国家こそが略奪者と捉え、その意義を根本的に否定した。彼によれば、政治文化の停滞を克服するためには、国家によるこれまでの強制的なテイク（nehmen）に代えて、自発的なギブ（geben）の倫理を確立することが求められているのである。

弱肉強食を肯定し、競争の敗者を「努力しない者」として片づける新自由主義者も顔色を失うようなスローターダイクの議論は、持つ支配階級の持たざる被支配階級に対する剥き出しの闘争宣言に聞こえる。それはまた、社会的連帯や民主的参加に基礎を置くヨーロッパ型の社会システムから、競争と自己責任を金科玉条とする個人主義的な米国型へのいわば「脱欧入米」のすすめにも受け取れる。

二〇〇〇年代のドイツで物議を醸したもう一つの事件は、ドイツ連邦銀行理事、ティロ・ザラツィンによる人種差別的移民排斥論である。ザラツィンはSPDに所属、二〇〇二年一月～〇九年四月には、クラウス・ヴォーヴェライト（SPD）が率いる「赤赤」ベルリン市庁で財務相を務めた。在任中彼は、福祉予算の削減をたびたび主張したが、二〇〇八年二月には、朝食をプチパン二つ、マーマレード、チーズ一枚、リンゴ一個、ジュース一杯、お茶二杯で済ませれば、一人世帯で一日四ユーロで食費を賄えると、「ハルツⅣ」受給者向けの献立を発表し、福祉諸団体だけでなく、同僚のハイディ・クナーケ＝ヴェルナー・ベルリン市社会相（左翼党）からの批判を浴びた。その後も彼は、「ハルツⅣ」受給者の暖房の使い方にも言いがかりをつけたりした。

ドイツ連銀に転出して以降も、ザラツィンはベルリンの経済政策や移民統合政策を論難、とりわけアラブ系・トルコ系移民の大半は統合の意志も能力もないと糾弾した。その移民排斥論の集大成が、二〇一〇年八月に出版された『自壊するドイツ』である。[25] そこには、ナチスの人種理論を彷彿とさせる文言が溢れている。たとえば彼は、「自分の孫・曾孫の国が大部分ムスリムで、圧倒的にトルコ語・アラビア語が話され、女性はベールをかぶり、一日のリズムが、イスラームの礼拝の呼びかけで決められるのは望まない」。ところが現実に「ドイツでは、外国人、信心深い人間、教育から縁遠い人間が、平均以上に子どもをつくって」おり、なかでも「ムスリム系移民の場合、これら三つの集団は重なり合う」。したがって、「手遅れにならないうちに、賢い〔ドイツ人の―引用者〕人間の子どもを増やす」

べきだということになる。

ザラツィンは同書以外でも、そのエリート人種主義、反イスラーム、社会ダーヴィニズムの立場を、繰り返し表明した。ムスリム系移民は生産性が低く、知力は遺伝的制約を受け、福祉に依存しているにもかかわらず、出生率は高い。それがドイツの貧困化と、国全体の知的水準の低下を招いているというのである。

九月九日、ザラツィンが連邦銀行理事を辞職した後も「ザラツィン論争」は続き、『自壊するドイツ』の売り上げは一五〇万部に達した。[26] こうした風潮に政治家も迎合し、当初「ドイツの評判を悪くする」と同書を批判していたメルケル首相は一〇月一〇日、ポツダムでの党青年部の会合で、「多文化（主義）は失敗した。絶対に失敗した」と断言した。

スローターダイクやザラツィンの議論に共通するのは、公共領域の縮小、企業活動の完全自由化、社会支出の大幅削減を唱える新自由主義に立脚し、「強者」の視点から、かつてならたとえ心の中では思っていても口には出さなかった「本音」を公然化させた点にある。それは一言で言うなら、「すべての人間は、生れながらにして自由であり、かつ、尊厳と権利とについて平等である」（世界人権宣言）ことを否定する価値不平等のイデオロギーである。

ところが、憲法で「人間の尊厳」を真っ先に打ち出しているドイツでも、新自由主義の流れに棹さす主流メディアは、こうした議論を「タブーの打破」としてむしろ歓迎した。世界市場での競争に負けたくない彼らは、批判的・根本的な言説を敬遠し、発行部数や視聴率を上げてくれるネタに飛びつくようになった。ここに、格差・貧困を助長し、民主主義を空洞化させる政治とメディアの共犯関係が生まれた。新自由主義者は、「ハルツⅣ」を「中途半端」と批判し、イラク戦争への不参加を「大西洋同盟への裏切り」と難じた。そして、社会問題を等閑視するだけでなく、侮蔑的に邪魔者扱いし、どうでもよい無価値なものへの興奮をかき立て、政治を単純化・ショー化させた。このように徹底的に経済化された社会において、エリート主義的な人間蔑視の議論が横行するようになった。

こうして「ハルツⅣ」受給者は、産業立地を危うくする「社会福祉の寄食者」として非難され、あたかもおしなべて不正受給しているかのような社会のまなざしに晒される。この間「ハルツる(hartzen)」という単語が、「だらけた生活をする」、「寄生する」といった意味で辞書に載るようになったのは、その証左と言える。

ビーレフェルト大学学際的紛争・暴力研究所のヴィルヘルム・ハイトマイアー教授は、社会的分解(Desintegration)と暴力、極右、民族的・文化的対立との関係を研究し、二〇〇二年より毎年、ドイツにおける社会的・経済的状況と社会的マイノリティーへの偏見との連関をめぐる報告書を発行してきたことで知られる。その最終巻(第一〇巻[27])は二〇一一年一二月一二日、ヴォルフガンク・ティールゼ連邦議会副議長(SPD)の手で紹介された。席上副議長は、ドイツに数年来「褐色のネットワーク」が存在し、犠牲者の家族にまず疑いの眼が向けられる社会的雰囲気があることを指摘したこの調査の「不吉なアクチュアリティー」を強調した。

実際この研究は、ここ一〇年ドイツで、生存の不安定化、方向性の喪失、民主主義の形骸化、社会的ビジョンの欠如に伴って、社会で価値不平等のイデオロギーが有力となり、人種差別主義、外国人敵視、反セム主義、同性愛者・障がい者・ホームレスに対する嫌悪、エリート特権主義、セクシズムが昂進していることを立証し、ドイツにおける右翼暴力のポテンシャルと社会の冷淡さに警鐘を鳴らしている。表2-2は、二〇〇九～一一年にかけて、セクシズム、同性愛嫌い、反セム主義は若干後退したものの、外国人敵視や長期失業者・ホームレスへの差別が増大していることを示している。

ハイトマイアーは、調査が実施された一〇年間を、「権威主義的資本主義」下での「安心安全の喪失(Entsicherung)」と特徴づけている。それは、

・金融資本とその恫喝の論理に対する政治の制御の喪失
・きわめて危うい金融商品と投機統計による金融危機が見通せないこと
・(世界)市場の予測不可能性
・債務危機における危険な国民経済の状況に対する、民主的正統性のある議会の権力喪失
・とりわけイスラームのテロの制御不可能性

に起因している。「安心安全の喪失」はまた、

・資本主義と民主主義の関係に関する政治的・社会的論争の欠如
・債務危機の例のように、重大な決定の加速化
・社会的結合の喪失

という政治的・文化的な方向性喪失と結びついている。

表2-2　ドイツにおける「価値不平等」のイデオロギーの浸透度

	2009	2010	2011
人種差別主義			
ドイツ系移住者には、外国人よりよい勤め口があるべきだ	14.4	19.1	22.2
白人が世界で指導的立場にいるのは正当だ	11.3	11.3	12.8
外国人敵視			
ドイツには外国人が多すぎる	45.8	49.4	47.1
雇用がギリギリになれば、在独外国人を再び故国に帰すべきだ	23.6	24.4	29.3
反セム主義			
ドイツではユダヤ人の影響が大きすぎる	16.5	16.4	13.0
ユダヤ人はその態度を通じて、迫害の責任をともに負っている	10.8	12.5	10.0
エスタブリッシュメントの特権			
新顔はまずわずかなことでも満足すべきだ	53.7	64.7	54.1
常にここで生きてきた者は、後から来た者より多くの権利を持つべきだ	30.1	37.7	30.8
セクシズム			
女性は妻・母の役割を再び思い起こすべきだ	20.7	20	18.5
女性にとっては、自分のキャリアより夫のキャリアを助ける方が重要であるべきだ	13.5	14	11.5
イスラーム敵視			
ムスリムのドイツ移住は禁止されるべきだ	21.4	26.1	22.6
ここには多くのムスリムがいるので、自分の国でありながら外国人のような気がする	32.2	38.9	30.2
同性愛嫌悪			
同性愛者が人前でキスするのは気持ちが悪い	27.8	26.1	25.3
同性愛は不道徳だ	15.7	16.3	15.8
女性同士・男性同士の結婚は認めるべきでない	29.4	25.3	21.1
ホームレスへの侮蔑			
町にいるホームレスは不愉快だ	35.1	34.2	38.0
大抵のホームレスは仕事をしようとしない	26.3	28	30.4
物乞いするホームレスを歩行者地帯から遠ざけるべきだ	36.3	31.2	35.4

（次ページに続く）

障がい者への侮蔑			
ドイツでは障がい者にとって贅沢が多すぎる	5.3	6.8	7.7
障がい者の多くの要求はやり過ぎだと思う	11.5	8.6	11.3
障がい者はあまりにも多くの特典を受けている	6.5	6.2	4.2
長期失業者への侮蔑			
大抵の長期失業者は仕事探しに本当は興味がない	47	47.3	52.7
長期失業者が社会のコストで安楽な生活を送っているとしたら腹立たしい	57.2	58.9	61.2
反ジプシー			
シンティ・ロマが私の地域に滞在したら困る			40.1
シンティ・ロマは町の中心部から追い払うべきだ			27.7
シンティ・ロマは犯罪の傾向がある			44.2
庇護申請者への侮蔑			
庇護申請者の審査の際、国は鷹揚であるべきでない			25.8
大半の庇護申請者は、本当は故国で迫害される心配がない			46.7

Wilhelm Heitmeyer (Hrsg.), *Deutsche Zustände*: Folge 10, Berlin 2012, S.38-40.

そして、一〇年間のまとめとしてハイトマイアーは、

・宗教的領域においては、平和的で、価値平等の理想に導かれた、信仰が異なる人々の共生が、潜在的な危険に晒されている。

・社会的領域においては、社会的なものの経済化とステータスの不安定さに由来して、「無益な人間」「無能な人間」を貶めることが増えている。

・ライフスタイルの領域においては、同性愛者やホームレスを貶めることが日常化している。

・政治的領域においては、民主主義の空洞化を知覚するに伴って、右翼ポピュリズムに感化されやすくなるため、深刻な警告が発せられている。

・経済的領域においては、「所有権は、義務

を伴う。その行使は、同時に公共の福祉に役立つべきものでなければならない」という憲法規範（基本法第一四条第二項）を知ろうとしない心性が支配的である。
と指摘している。

ＡｆＤの議会進出や、「欧州のイスラーム化に反対する愛国的欧州人」デモの高まりという現実に照らしてみても、ハイトマイアー報告書の「不吉なアクチュアリティー」は、まさに正鵠を射たものであった。街頭に繰り出そうとしている右翼的志向の市民の割合は、二〇〇九年の三割から、最終的には四割以上になったという。しかもそこでは、暴力を使う用意があるのが、右翼的市民の二九％と、最高水準に達したのである。その割合は二〇〇三年には四人に一人、一般市民の場合は一〇人に一人未満というから、極右暴力の危険性がわかろうというものである。

東独テューリンゲン州ツヴィカウのネオナチ三人が一三年間地下で活動し、二〇〇〇年九月（ニュルンベルク）から二〇〇七年四月（ハイルブロン）までに、トルコ人八人、ギリシャ人一人、ドイツ人女性警察官一人を殺害していたことが、二〇一一年一一月四日になって露見した。ドイツに右翼テロ組織は存在しないという建前を根底から覆した彼ら「ナチ地下組織」（ＮＳＵ）の行動は、極右暴力を支える社会的な裾野が実は幅広く存在することを容易に想像させる。

以上、シュレーダー「改革」以降のドイツでは、表面的な経済成長とは裏腹に、格差拡大と貧困が進行し、「業績主義」・「自己責任」の風潮を通じて、「他者」の排除、「役立たず」への侮蔑が募っている。そうした状況にあって肝心の政治は、ますます経済に従属し、エンターテインメント化しているようにも見える。

1　ドイツではしばしば政党をシンボルカラーで呼ぶ。「黒」はカトリックの僧衣を想起させ、ＣＤＵと、バイエルン州の姉妹政党、キリスト教社会同盟（ＣＳＵ）を指す。他方、「黄」が連立パートナーの自由民主党（ＦＤＰ）を意味する政治的背景は特にない。また「赤」は、フェルディナント・ラサールが一八六三年、ライプツィヒで創立した全ドイツ労働者同盟（ＡＤＡＶ）の党旗に由来し、その系譜を引くＳＰＤおよび左翼党のシンボルカラーになっている。「緑」については、説明不要であろう。なお、「大連合政権」とは、ＣＤＵ／ＣＳＵとＳＰＤによる政権を指す。

2　もとより課税の対象は、西独だけでなく東独も含まれる。

3　*FAZ*, 16. Juni 2004, S.5.

4　*FAZ*, 23. April 2008, S.5.

5　*FAZ*, 23. Juli 2008, S.5.

6　*FAZ*, 22. Februar 2012, S.5.

7　http://www.fes.de/aktuell/documents/061017_Gesellschaft_im_Reformprozess_komplett.pdf

8　http://labournet.de/diskussion/arbeit/realpolitik/hilfe/nachbvg.html

9　http://www.boeckler.de/39820_39827.htm

10　*Der Tagesspiegel*, 19. September 2012, S.1f.

11　Der Paritätische Gesamtverband, *Positive Trends gestoppt, negative beschleunigt. Bericht zur regionalen Armutsentwicklung in Deutschland 2012*, Berlin 2012.

12 http://de.statista.com/statistik/daten/studie/4275/umfrage/anteil-der-hartz-iv-empfaenger-an-der-deutschen-bevoelkerung/

13 ユルゲン・エルゼサー『敗戦国ドイツの実像―世界強国への道?/日本への教訓?』(昭和堂、二〇〇五年)参照。

14 ただし、総選挙と「赤緑政権」発足の狭間の一九九八年一〇月一六日、旧連邦議会が、コソヴォ紛争に絡んで、トルネード戦闘機一四機と兵員五〇〇名をNATO指揮下に置き、ユーゴを攻撃できるよう決議していた。この手続き的に疑わしい採決は、しかし、票数では賛成五〇〇票、反対六二票、棄権一八票と明白な結果となった。

15 「(一) 諸国民の平和的共存を阻害するおそれがあり、かつこのような意図でなされた行為、とくに侵略戦争の遂行を準備する行為は、違憲である。これらの行為は処罰される。

(二) 戦争遂行のための武器は、連邦政府の許可があるときにのみ、製造し、運搬し、および取引することができる。詳細は、連邦法で定める。」

16 「ドイツ連邦共和国の参加すべき侵略戦争を準備し、かつ、これによってドイツ連邦共和国にとり戦争の危険を引き起こした者は、終身自由刑または一〇年以上の自由刑に処せられる。」

17 *Weißbuch 2006 zur Sicherheitspolitik Deutschlands und zur Zukunft der Bundeswehr*, Berlin 2006.

18 拙稿「イラク戦争へのドイツの「参戦」」『軍縮問題資料』(二〇〇六年六月)。

19 *Bericht der Strukturkommission der Bundeswehr Oktober 2010, Vom Einsatz her Denken. Konzentration, Flexibilität, Effizienz.*

20 拙稿「徴兵制「停止」に向かうドイツの政治社会」『立命館法学』三三三・三三四号(二〇一〇年五・六号)。

21 拙稿「「パートナーシップの中のリーダーシップ」の確立へ?―独米関係の再緊密化と矛盾」『アソシ

エ』第一九号（二〇〇七年八月）八〇頁。

22 http://www.bundespraesident.de/SharedDocs/Reden/DE/Joachim-Gauck/Reden/2014/01/140131-Muenchner-Sicherheitskonferenz.html

23 http://www.swp-berlin.org/fileadmin/contents/products/projekt_papiere/DeutAussenSicherhpol_SWP_GMF_2013.pdf

24 ウルリッヒ・ベック『ユーロ消滅？―ドイツ化するヨーロッパへの警告』岩波書店、二〇一三年、一〇頁。

25 Thilo Sarrazin, *Deutschland schafft sich ab: Wie wir unser Land aufs Spiel setzen*, München 2010.

26 ちなみに、ザラツィンは翌々年、『ヨーロッパはユーロを必要としない』を著し、またしても騒動を引き起こした。Thilo Sarrazin, *Europa braucht den Euro nicht: Wie uns politisches Wunschdenken in die Krise geführt hat*, München 2012.

27 Wilhelm Heitmeyer (Hrsg.), *Deutsche Zustände*: Folge 10, Berlin 2012.

第3章　左翼党前史

左翼党はしばしば、「旧東独共産党の後継政党」と言われる。それは、左翼党の前身が民主社会主義党（PDS）、さらにその前身が社会主義統一党（SED）であった事実に由来する。現在の左翼党員の数が、ベルリンを除く東独五州だけで全体の半数に達するという実情からしても、その沿革を理解しておくことは重要である。

1　SED―スターリン主義の重荷

戦後ドイツ政党制の基本構造は、ソ連占領地区で形成された。一九四五年五月八日、ベルリン＝カールスホルストのソ連軍司令部でドイツは連合国に無条件降伏し、米英仏ソ四カ国に直接分割占領されることとなった。ソ連軍政部は六月一〇日、西側軍政当局に先駆けて、反ファシズム民主主義政党の結成を許可した。早くも翌日に共産党（ＫＰＤ）、一五日に社会民主党（ＳＰＤ）が再建を宣言、さらに同月二六日にキリスト教民主同盟（ＣＤＵ）、七月五日には自由民主党（ＬＤＰＤ）が発足した。いずれの党も党本部をベルリンに置いたことから、全独的な影響力を発揮した。[1]

SEDのロゴ

ＳＥＤは、一九四六年四月二一～二二日、ＫＰＤとＳＰＤの組織的合同によって誕生した。これはしばしば、ソ連軍政部の意向による「強制合同」と見なされている。その理由は、一九四五年一一月、ハンガリーとオーストリアでの国会選挙で共産党が不振を極めたことに衝撃を受けたソ連が、「ドイツ労働者階級の統一政党」の創出により、社会民主党を事実上解体する方針に踏み切ったためとされている。[2]実際、ＳＥＤ成立の過程でソ連軍政部は、合同に反対するＳＰＤ党員の逮捕・弾圧など、さまざまな政治的暴力を行使した。

それにもかかわらず、ＳＥＤを、ハンガリー勤労者党（一九四八年六月）やポーランド統一労働者党（同年一二月）の先行例と単純に論じることはできない。言うまでもなくＫＰＤとＳＰＤは、マルクス主義を源流とする労働者政党である。第一次世界大戦におけるＳＰＤの戦争協力と分裂、ＳＰＤ首脳の黙認の下で行われたＫＰＤ創立者、ローザ・ルクセンブルクとカール・リープクネヒトの暗殺、ＫＰＤのスターリン主義化と「社会ファシズム論」など、数々の反目と抗争を繰り返してきた両党の関係者が再会したのが、ナチの強制収容所だったという話は珍しくなかった。そして戦後、労働者政党同士の「兄弟げんか」への反省や、社会主義の新生ドイツへの展望から、両党の組織的合同を求める声も少なからず存在した。KPDとSPDは、初発の段階から統一行動協定を結び、土地改革やナチ・戦犯企業の没収など、具体的政策で共同歩調をとっていた。SEDは創立綱領で、ソヴィエト型とは異なる、資本主義的独占や大土地所有の除去、軍国主義の根絶、反ファシズム・議会制民主主義共和国としてのドイツ統一などを目標に掲げた。それは、冷戦の激化を背景に強行された東欧での「共社合同」とは歴史的文脈が異なる。

とは言え、SEDにおける旧KPD・SPDの対等性は、長くは続かなかった。毎年実施するはずであった党大会は、一九四七年以降一九五〇年まで開かれず、その間進行したソヴィエト化・スターリン主義化の中で旧社民勢力が排除され、SEDは民主集中制のマルクス＝レーニン主義政党へと化していった。ドイツ系ボヘミア人共産主義者、ルイ・フュルンベルクが一九四九年に作詞作曲した「党の歌」は、前衛政党SEDを賛美する歌で、その（悪）名高いリフレインは、次のような歌詞である。

党、党、党は常に正しい！
そして、同志よ、いつまでもそうであるように。
権利のために闘う者は、
常に正しいからだ。

嘘と搾取に抗して。
命を辱める者は、
愚かか邪悪だ。
人間を擁護する者は、
常に正しい。
だから、レーニンの精神から育ち、
スターリンによって接合された
党、党、党。

一九四九年一〇月七日、東独に成立したドイツ民主共和国（DDR）は、その憲法で「ドイツは、不可分の民主的共和国である」（第一条第一項）、「ドイツ国籍は一つしか存在しない」（同第四項）と謳っていた。ナショナル・シンボルも、国歌は当初から、SED中央委員会の依頼により、ヨハネス・R・ベッヒャーが作詞、ハンス・アイスラーが作曲した「廃墟から復活し、未来に向かって」が歌われたが、国旗は西独同様「黒赤金」であった。その中央に麦の穂、ハンマー、コンパスの国章が加わったのは、一九五九年一〇月一日の国旗法による。その背景には、一九五五年五月、西独のNATO加盟に対抗して、DDRを含むワルシャワ条約機構が結成され、ドイツ分断が決定的になったことがある。

DDRの自己規定は、一九六八年四月六日憲法で「ドイツ民族の社会主義国家」、さらに一九七四年一〇月七日憲法で「労働者と農民の社会主義国家」へと変化した。国名・組織名以外に「ドイツ」の語が一切登場しない七四年憲法には、DDRが「ソヴィエト社会主義共和国連邦と永久かつ不変に同盟している」（第六条第二項）こと、「ソ連その他の社会主義諸国軍隊との緊密な戦友関係を育む」（第七条第二項）ことが明記された。「ドイツ、唯一の祖国」など、五箇所に「ドイツ」の語が散りばめられたDDR国歌は、メロディーだけが演奏されるようになった。一九七八／七九年度には、軍事教育が九年生・一〇年生の必修科目となり、「社会主義平和国家」の建前とは裏腹に、社会の軍事化が進んだ。

ソ連のSS20弾道ミサイルに対抗して、西欧に核兵器を搭載したパーシングII弾道ミサイルを配備すると同時に、ワルシャワ条約機構に中距離核戦力の制限交渉を呼びかける一九七九年一二月一二日のNATO二重決議や、同月二四日、ソ連によるアフガニスタンの軍事介入により、東西間の緊張状態が高まった一九八〇年代前半、DDRでは、「平和は守らねばならない―平和は武装されねばならない」という当局の宣伝に対抗して、自生的な平和運動が発展した。一九八〇年、「贖罪と祈りの日」（第一アドヴェントの一一日前の水曜日）を挟む一〇日間に開催された平和旬間で平和運動のシンボルに選ばれた「剣を鋤に」は、教会を越える広がりを見せた。[3] 一九八二年一月二五日には、東ベルリ

DDR平和運動のシンボル
https://www.bibelwissenschaft.de/de/wibilex/das-bibellexikon/lexikon/sachwort/anzeigen/details/schwerter-zu-pflugscharen-3/ch/9e321a45fbb30bf844677713ac0e5a15/

ン・サマリア人教会のライナー・エッペルマン牧師と、かつて共産主義反ナチ抵抗運動に従事した異論派化学者のロベルト・ハーヴェマンが連名で、ドイツからの核兵器全面撤去に関する交渉を両独政府に促す「ベルリン・アピール」(「武器なしに平和を創る」)を発表し、大きな波紋を呼んだ。

一九八五年三月、ソ連共産党書記長にミハイル・ゴルバチョフが就任し、ペレストロイカ・グラスノスチの政策や新思考外交を展開した。ポーランドやハンガリーで先行していた改革政策は、盟主・ソ連の後押しを受けることになった。DDRの老指導部はこれにかたくなに背を向け、一九八八年一一月には、独ソ不可侵条約でのスターリンの負の役割にスポットを当てたソ連誌『スプートニク』を発禁する事態にまで発展した。他方DDR市民は、「ソ連に学ぶことは勝利を学ぶこと」という一九五〇年代初頭のスローガンを持ち出したり、毎年一月半ばに行われるリープクネヒト・ルクセンブルク追悼デモで、ローザの『ロシア革命論』にある「自由とは常に、異なる考え方を持った人たちの自由である」を掲げたりして、抗議の意思を示した。

一九八九年、五月七日市町村議会選挙での不正操作や、六月四日天安門事件での中国政府支持声明などで、DDRの政治的雰囲気は極度に悪化した。夏から秋にかけて、ハンガリー、チェコスロヴァキア、ポーランドを経由した市民の大量出国で、政情はいよいよ不穏となり、一〇月七日、DDR成立四〇周年記念式典に出席したゴルバチョフは、「遅れて来た者は、人生が罰する」と警告を発した。翌々日、ライプツィヒのニコライ教会を拠点とし、「我々が人民だ(Wir sind das Volk!)」、「暴力反対(Keine Gewalt!)」を唱える月曜デモには七万人が参加、流血の「中国式解決」が回避され、DDRの

「平和革命」は高揚期を迎えた。

一〇月一八日、一八年間権力の座にあったエーリッヒ・ホーネッカーSED書記長・DDR国家評議会議長が辞任した。後任のエゴン・クレンツは、もともとホーネッカー後継の最右翼と目されていた人物である。その彼が就任演説で、「本日の会合をもって、我々は、転換（Wende）を引き起こし、とりわけ政治的・イデオロギー的攻勢を再獲得するであろう」と、あたかもSEDが変革の「指導的役割」を果たすかのような発言をしたことは、人々の落胆に拍車をかけた。

一一月八日、SED中央委員会総会で、政治局員が全員辞任し、新しい政治局員一一人が選出された。翌日の「ベルリンの壁」崩壊は、SEDの統治能力の喪失を印象づけただけでなく、[4] 西独のきらびやかな消費生活を目の当たりにした東独大衆が、DDRの主体的再建を放棄して「ドイツ・マルク・ナショナリズム」（ユルゲン・ハーバーマス）に身を委ね、「我々は一つの民族だ（Wir sind ein Volk!）」へと宗旨替えする契機となった。DDR国歌の歌詞にある「ドイツ、唯一の祖国」は、今やドイツ統一要求のスローガンとなった。

一一月一三日、改革派の呼び声が高かったドレスデン県第一書記、ハンス・モドロウが、人民議会で閣僚評議会議長（首相）に指名された。彼は、それまで四四人いた閣僚を二八人に縮小、SED出身者をうち一七人にとどめ、従来形式的にしか入閣していなかった体制支持四党（ブロック政党）に一一ポストをあてがった。モドロウ内閣の成立で、東独で四〇年続いたSED単独支配は、事実上終わりを告げた。モドロウはさらに翌年二月五日、議会外の市民運動活動家八名を無任所相に登用した。

この間、二三〇万人を数えるSED党員からも、権威を喪失した党の刷新や解体を求める声が高まった。一二月一日、人民議会は、憲法条項からSEDの指導的役割の規定を削除した。SEDは三日、ホーネッカー前書記長ら幹部一二名の除名、クレンツ書記長を初め政治局員・中央委員全員の総辞職を決定した。

一二月七日、政府の代表、人民議会の諸会派、議会外の政党・市民団体が一堂に会し、教会の司会の下で議論する中央円卓会議の第一回会合が開かれた。そこでの重要議題は、市民生活の細部にまで監視の網を張りめぐらせていた国家保安省（シュタージ）の解体問題で、また新憲法を起草する作業グループも設置された。円卓会議は地方のさまざまなレベルにも設けられたが、いずれにしてもSEDは、政党代表としてはもはや特別扱いされず、他党と同格とされた。

今や党員数七〇万にまで激減したSEDの存亡をかけ、一二月八～九日、臨時党大会が、ベルリンの中心部からやや離れたホーエンシェーンハウゼンのディナモ体育館で、徹夜で行われた。席上モドロウ首相は、「DDR首相である私にどの党も手を貸してくれないために、我が国への激しい攻撃で、この国がもはや統治不可能のままとなれば、我々全員が、この国が没落する責任を負わなければならない」と党員の良心に訴え、党解散の流れを食い止めた。

この臨時党大会では、従来の書記長・政治局員・中央委員体制に代わり、党首と幹部会から成る新指導部への党機構改革が行われた。党首に選出された四一歳のグレゴール・ギジは、ハーヴェマンらの体制批判者や出国希望者の弁護に携わったものの、一般的にはほとんど無名の弁護士であったが、

スターリン主義の旧弊を一掃すべく大きな箒を贈られたギジ新党首

http://www.neues-deutschland.de/artikel/161003.dramatische-debatten-im-dezember.html

一一月四日、ベルリン・アレクサンダー広場での五〇万人デモで、新しい選挙法の制定や憲法裁判所の設置を要求、とりわけその巧みな弁舌で脚光を浴びた。臨時党大会で彼は、DDRは、スターリン主義でも国際独占資本の支配でもない、社会主義的な第三の道を歩むべきだと訴え、代議員の九五・三%の信任を受けた。副党首には、モドロウ首相（九九・四%）、ヴォルフガンク・ベルクホーファー・ドレスデン市長（九八・三%）らが選ばれた。

一二月一六～一七日、再開された臨時党大会でSEDは、「社会主義統一・民主社会主義党」（SED-PDS）と改名した。看板の架け替えではなく、新しい党の建設が目指されたにもかかわらず、この二重党名が採用されたのは、SEDの歴史への自負とスターリン主義からの脱却の両方を示したものと説明された。翌年一月二一日、SED-PDSは、クレンツやシャボウスキらを除名したが、他方、ベルクホーファー副党首ら幹部四〇人の集団離党で、再び解党の危機に見舞われた。二月四日、SED－PDS執行委員会は、党名から「社会主義統一」を外し、「民主社会主義党」（PDS）とした。これは、五月に予定されていた総選挙が三月一八日に繰り上がったため、党の刷新を印象づけることに迫られたための措置である。

国家政党SEDを失ったDDRは、西独による吸収合併へと向かっていった。DDRはその初発から、昔ながらのロシア人蔑視や反共主義、「解放者」ソ連兵によるおびただしい婦女暴行、もともと資源に乏しく、工業地帯も発達していなかったうえに、戦後の現物賠償でさらに不利を被った経済状況といった困難を抱えていた。そして分断国家という事情から、国家のアイデンティティを「反ファシズム」・「マルクス＝レーニン主義」というイデオロギーに求めたことも、説得力に無理があった。とりわけ、一九六一年八月一三日に建設された「ベルリンの壁」を「反ファシズム防御壁」として正当化したことは、多くの市民の失望を招いた。これらの諸問題にもかかわらず、社会主義建設への熱情など、DDRにはDDRの史的ダイナミズムがあったのであり、「没落すべくして没落した国家」といった決定論的歴史把握は避けるべきであろう。

2　PDS──左翼多元主義政党への隘路

DDR国歌さながらに「廃墟から復活」できるのかどうか、PDSにとって喫緊の課題は、SED

の正と負の遺産を法的・道義的に受け継ぎつつ、かつての官僚主義化・権威主義化した党構造を克服し、衰退した党内民主主義を再活性化することにあった。また、党員数が減少の一途をたどることに伴う党財政の悪化、党職員の雇用も、深刻な問題であった。

「歴史の見直しなしに、党の刷新は考えられない」との見地から、PDSは一九九〇年六月二三日、二五人から成る歴史委員会（Historische Kommission）を立ち上げた。[5] 歴史委員会は、KPD・SEDにおけるスターリン主義の問題などに取り組む一方、一九九二年三月一二日の連邦議会決議で設置された「ドイツにおけるSED独裁の歴史と帰結を総括するための調査委員会」の動向にも対応を迫られた。[6]

PDSのロゴ

PDSは三月一八日のDDR人民議会選挙で、得票率一六・四%、CDU、SPDに次ぐ第三党となり、SED時代権力を独占していた立場から、初めて野党に転落した。首都東ベルリンで三〇・二%、モドロウ首相が立候補したノイブランデンブルク県では二五・八%を得たのに対し、エアフルト県では九・九%、カール・マルクス・シュタット（ケムニッツ）県では一一・三%にとどまった。

PDSが反対した吸収合併方式による一〇月三日の「ドイツ統一」を経て、一二月二日、初の全独連邦議会選挙が行われることになった。PDSは全独レベルで支持率五%に達しておらず、国会進出が不可能視されていた。しかし、東西別々に五%条項を適用する特例が九月二九日の連邦憲法裁判所判決によって認められたため、PDSは、ドイツ全体では得票率二・四％だったにもかかわらず、東独で一一・一％を得たため、六六二総議席中一七議席を得ることができた。[7]

とは言え、この時期PDSに対する眼差しは全般に厳しいもので、SEDやシュタージと同一するのも稀ではなかった。東独での得票率は、人民議会選挙から五・三ポイントも下がっている。総選挙前月の時点でPDSを「普通の民主的政党」と見なしたのは、西独で一〇％、東独でも一七％にとどまった。逆に、西の七一％、東の六三％は、「名前を変えただけで昔のままにとどまっている」と評価していた。[8]

シュタージの影はPDSのみならず、ブロック政党や市民活動家にも及んでいた。しかしPDSは、DDRの国家政党だったSEDを引き継いだ政党であることから、苛烈な批判に晒され、連邦議会でも早くから「あなたたちは加害者の政党に属している」（一九九〇年一〇月二四日、フォルカー・リューエCDU幹事長）などと罵倒された。一九九二年二月一五日には、イエーナ大学の公法学教授も務めたゲアハルト・リーゲPDS国会議員（テューリンゲン州選出）が、一九五四～六〇年にシュタージの非公式協力員だったことが明らかにされ、党からも距離を置かれたことから、国会内の「人々の口、目、態度」に現れる憎悪に恐怖を覚え、首つり自殺をするという事件まで起こった。

PDSの党員数は、一九九〇年末二八万四〇〇〇人、九一年末一七万二五七九人、九二年末一四万六七四二人へと、下落の一途をたどった。かつての一枚岩的な党構造を否定するPDSは、「AG外国人政策」、「IGエコロジー」など、党内にさまざまなプラットフォーム・利益共同体（IG）・作業共同体（AG）を抱えた。そうした左翼多元主義への志向にもかかわらず、マスメディアでは、あたかも「共産主義プラットフォーム」がPDSの代表格で、DDRの破綻にもかかわらず、懲りずに共産主義独裁を目指しているかのように描かれた。

「共産主義プラットフォーム」がことさら注目を浴びたのは、「共産主義」という刺激的な看板もさることながら、ザーラ・ヴァーゲンクネヒトの存在に負うところが大きい。DDR時代、学校での軍事教育を拒んだため大学に進学できなかったにもかかわらず、ヴァーゲンクネヒトは一九八九年三月、SEDに入党、PDSでは一九九一年に党幹部会のメンバー、そしてまた「共産主義プラットフォーム」の「顔」となった。二〇代前半の若さに加え、父親がイラン人で、エキゾチックな美貌の持ち主は、トークショーでほとんど四面楚歌の状態でも、DDRをナチス=ドイツと同列に扱う「不法国家」論を拒否し、DDRが民主国家でなかったとしても、今日の資本主義の下で真の民主主義は不可能だなどと果敢に主張して、ローザ・ルクセンブルクの再来のように目された。

週刊誌『デァ・シュピーゲル』（1994年12月26日号）のインタビューに答えるヴァーゲンクネヒト

かつて東独大衆が自ら熱望した西独への編入であるが、「華々しい光景」（ヘルムート・コール首相）が現出するどころか、失業者が激増し、政治や経済の制度だけでなく価値観や生活意識すべてを西ドイツの流儀に合わせせなければならない一種の植民地的状況にあって、[9] ギジは一九九二年七月一一日、他党派の政治家や知識人、市民運動家とともに、一方的な「統一」による東独社会の破壊、東の経歴の否認、ＤＤＲの歴史の全面否定などの是正を求める運動体「公正のための委員会（Komitee für Gerechtigkeit）」を立ち上げた。一部には、そこから発展して、東独市民の利益を代表する「東独党（Ostpartei）」の結成も取り沙汰された。もっとも、そうした「東独党」の存在は、むしろ東西間の心の壁を高くしてしまうと懸念されたし、ギジ自身もつとに、問題の所在は東西の間にではなく上下の間にあると強調した。

ＰＤＳ党首として八面六臂の活躍をしていたギジは、一一月末、次期党大会に立候補しないと表明、一九九三年一月二九〜三一日の党大会で、ローター・ビスキーが九〇・五％で新党首に信任された。ビスキーは経済的理由から、一八歳の時単身でＤＤＲに来て大学に進学、ポツダム映画テレビ大学の学長から一九九〇年政界に転身し、人民議会議員、ブランデンブルク州議会議員を務めていた。ブランデンブルク州議会では、マンフレート・シュトルペ州首相（ＳＰＤ）のシュタージ非公式協力員疑惑に関する調査委員会を指揮した。

ビスキー党首は、ＰＤＳとＳＰＤの連携に前向きな姿勢を示した。その成果が、一九九四年ザクセン＝アンハルト州で現出した「マグデブルク・モデル」である。六月二六日の州議会選挙を受けて、第三党のＰＤＳ（二一議席）は、ＣＤＵ（三七議席）を州政権から追い落とすため、ラインハルト・ヘプナー（ＳＰＤ）を州首相とする「赤緑」少数政権（九九総議席中四一議席）を容認したのである。これに強く反発したCDUは、その後の連邦議会選挙で、「赤い靴下キャンペーン」という反共攻撃を展開した。「赤い靴下」とは、DDRで、頑迷なSED党員を揶揄した表現である。

もっとも「マグデブルク・モデル」は、東独では一定の理解を得ていた。ヘプナー州政権が発足して約一カ月後の一九九四年八月二六日、第二テレビで放送された世論調査によると、東独市民の既に四四％はこのモデルに肯定的であった（五四％は否定的、西ではそれぞれ一五％、七六％であった）。「赤緑」少数政権が軌道に乗った一九九六年二月の調査では、東独市民の四五％は「SPDの決定は正しかった」と答え、「正しくなかった」二三％を引き離した。[10]「マグデブルク・モデル」は二期、二〇〇二年四月二一日の州議会選挙まで機能した。[11]

「マグデブルク・モデル」に対するこうした反応は、PDSの自己刷新への評価と結びついている。PDSは一九九三年一月末の党大会で、党綱領「社会主義―目標、道のりと価値」を九〇％以上の賛成で採択した。そこには、「社会主義の理念は、独裁と抑圧の正当化としての濫用によって傷つけられた。党は、その崩壊原因への洞察も含め、DDRの経験から、社会主義についての理解を再考する義務を負っている。綱領は、ひたすら実現しなければならない社会主義社会の〈モデル〉を構想するのではなく、〈自ら決定して生きられるために、人間は何を必要としているか？〉という単純な質問から出発している」と、自戒的な文言が盛り込まれている。

一九九四年一〇月一六日の総選挙は、もはや東西別々ではなくドイツ全土での五％条項が適用されるため、PDSの国会再進出は、特に西独で不可能視されていた。六月一二日投票の欧州議会選挙での得票率は四・七％であり、総選挙直前（一〇月）の世論調査でも、四七％（西五二％、東二五％）は、PDSが次期連邦議会に残れないと予測した。[12] もっとも、PDSを「普通の民主主義政党」と見なす意見は、一九九四年八月の時点で、東独では五二％に達していた。[13] 三三％はこのことに疑念を抱いていたが、それでもそのうちのほぼ半数に当たる一六％は憲法擁護庁によるPDS監視を不要と見なしていた。

実際にはPDSは得票率四・四％と、五％に達しなかったものの、三以上の小選挙区（ベルリンの四小選挙区）を制したため、議員団より格下の議員集団として三〇議席を得た。DDRの体制批判的作家として抜群の知名度を持つシュテファン・ハイムは、PDSの候補者としてベルリン＝ミッテ／プレンツラウアー・ベルク選挙区から選出された。ハイムの立候補は、PDS内部の変化を認めるとともに、「西独の政治家カースト」に異議申し立てする行為であった。一一月一〇日、八一歳のハイムは最年長議員として、正式に連邦議会議長が選出される前の開会演説を行った。「人類は連帯してのみ生き延びられる。だがそれはまず、自国における連帯を要求する。西、東、上、下、富裕、貧乏。常に思うのだが、なぜドイツ統一のユーフォリアは、こうも速く消え去ってしまったのか」などといったハイムの訴えに、コール以下CDU／CSU議員団は完全無視を決め込んだ。

連邦議会に再度足場を持ったことは、日常的な「面倒見の良さ」に加え、PDSの活動への評判を上げることに繋がった。一九九五年一二月の世論調査によれば、PDSにはもはや、SEDやDDR一般の失敗の責任はないと見なすのは、東独で四七％に達し、「まだ責任がある」三二％をかなり上回っていた。[14] また、政党の危険度に関する一九九六年二月の調査では、全く無害を「〇」、極めて危険を「一〇」として、PDSの平均値は東では三・五と、もはやさほど危険視されていなかった。[15]

これは単にPDS一政党のイメージの問題ではなく、ドイツの政治状況に対するPDSの批判が共感を呼んだことが関係している。一九九七年一月九日、「社会的民主主義への責任」を訴える「エアフルト宣言」が発表された。[16] この宣言に名を連ねた文化人・知識人・労働組合関係者には、旧DDR出身者として、作家のダニエラ・ダーン、シュテファン・ハイムやゲアハルト・ツヴェレンツ、ヴィッテンベルクの説教師だったフリードリヒ・ショルレンマー、ハインリヒ・フィンク元フンボルト大学総長（神学）ら、西独出身者としては、翌々年ノーベル文学賞を受賞するギュンター・グラス、福音主義神学者のドロテー・ゼレ、ドイツ・ペンクラブ会長を務めたヴァルター・イェンスなど、錚々たる面々の名が確認できる。なかには、後にPDS、左翼党に加わって政治活動に携わった者もいる。

宣言は、「所有権は、義務を伴う。その行使は、同時に公共の福祉に役立つべきものでなければならない」という基本法第一四条第二項の規範を掲げ、連邦政府の施策は、「無慈悲な不公正、社会的浸食と展望の欠如」を引き起こしていると強く批判した。そして、「所得や財のより公正な分配は、新しい政治の中心課題である」とし、それを実現するために、SPD、緑の党、PDSの野党三党の結束を呼びかけた。これに対し、かつてのDDR反体制活動家でも、ライナー・エッペルマン、ヴェラ・レンクスフェルト（いずれもCDU連邦議会議員）らは、「エアフルト宣言」をPDSの策謀と見なし、「新旧左翼反動家の憤懣の表現」などと攻撃した。

表3-1　PDS党員数の推移

	1990	1991	1992	1993	1994	1995	1996	1997
全独	285,000	172,579	146,742	131,406	123,751	114,940	105,029	98,624
(西独)			617	891	1,871	1,905	1,943	2,074
	1998	1999	2000	2001	2002	2003	2004	2005
全独	94,627	88,594	83,478	77,845	70,805	65,753	61,385	61,270
(西独)	2,917	3,773	3,959	4,172	4,708	4,378	4,320	5,956

http//archiv2007.sozialisten.de/partei/daten/pdf/entwicklung_mitgliederzahlen_bis2005.pdf

図3-1　PDS党員の年齢構成（2005年末現在）

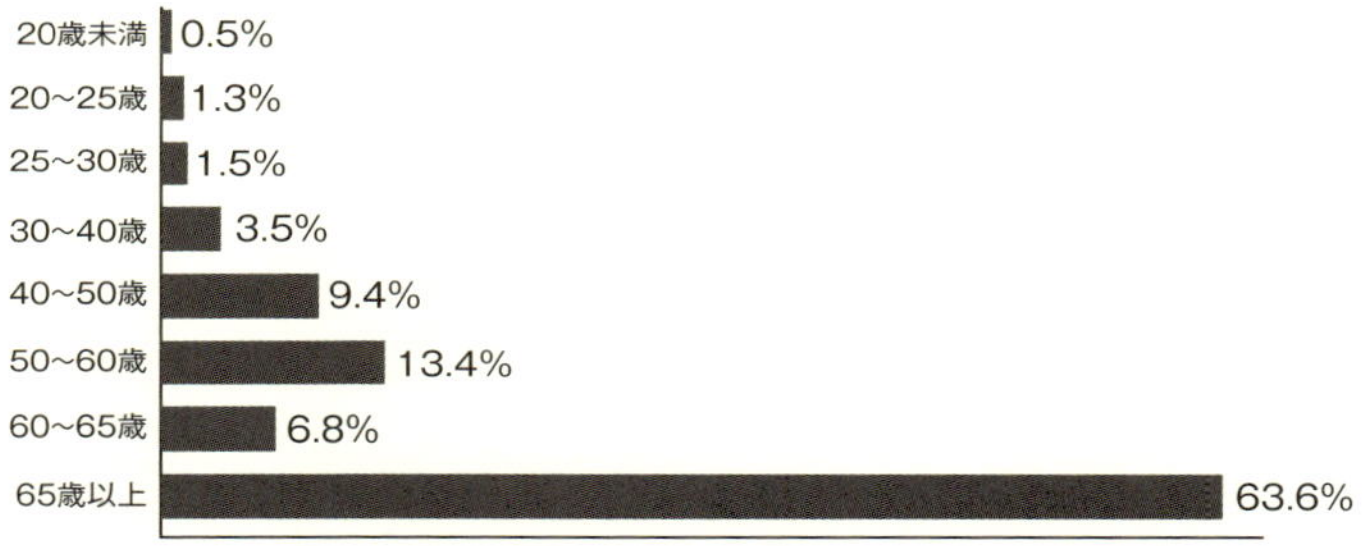

http://archiv2007.sozialisten.de/partei/daten/statistiken/struktur.htm

一九九八年九月二七日の連邦議会選挙において、ＰＤＳは得票率五・一％で、三六議席を獲得、晴れて議員団の資格を得た。また同日実施されたメクレンブルク＝フォアポンメルン州議会選挙では、二四・四％（前回より＋一・七ポイント）の第三党として、ハラルト・リングスドルフを擁し第一党（三四・三％）となったＳＰＤと、初の「赤赤連合政権」を樹立、ＣＤＵを下野させた。この「赤赤連合」も二期、二〇〇六年九月一七日の州議会選挙まで継続した。

順調に党勢を拡大しているかのように見えたＰＤＳであるが、やはり東独地域政党からの脱皮には成功しなかった。党員の高齢化と減少に歯止めがかからない一方、スターリン主義の一枚岩的政党に

表3-2　PDSへの対応のあり方

	全独	西独		東独	
		1992	2001	1992	2001
交渉し、場合によっては協力する	39	22	32	61	66
政治的に戦う	20	33	24	11	7
どうでもいい、気にしない	20	28	22	16	14
わからない	21	17	22	12	13

Allensbacher Jahrbuch der Demoskopie 1998-2002, Band 11, München 2002, S.741.

対する反省から党内におけるさまざまな潮流の存在を積極的に認めたものの、それらが相互に対立し、党の活性化には必ずしも結びつかなかった（表3-1・図3-1）。

それがあらわになったのは、二〇〇〇年四月八～九日、ミュンスター党大会である。この党大会における、国連平和維持活動への参加拒否決議は、党幹部に大打撃を与えた。一〇月一四～一五日、ブランデンブルク州コトブスでの党大会は、新しい党首にガービー・ツィンマー・テューリンゲン州議会議員団長を、新しい連邦議会議員団長に、「マグデブルク・モデル」の生みの親であったローラント・クラウス議員を選出した。四五歳のツィンマーは、前任者以上にSPDへの接近路線を打ち出した。

翌年六月一二日、銀行スキャンダルに揺れる首都・ベルリン特別市でも、「マグデブルク・モデル」により、クラウス・ヴォーヴェライト（SPD）市長下の「赤緑連合」市政が誕生した。そして、一〇月二一日の繰り上げ市議会選挙の結果、翌年一月一七日、二例目の「赤赤連合政権」が発足、ギジが副市長兼経済相に就任した。首都の「赤赤連合」もまた、二〇一一年一一月まで二期続いた。

ベルリンにおける「赤赤連合」が発足した二〇〇二年一月の調査による

と、回答者の二四%がこれを歓迎し、四四%が反対した（「わからない」が三二%）[17]。SPD支持層に限ってみると、東独では五五%が歓迎したのに対し（反対はわずか一三%）、西独では三五%が反対した（歓迎は二五%）。

この間、ドイツ政治におけるPDSの認知度は、存在感の薄い西独を含め確実に高まった。表3-2が示すように、二〇〇一年七月の時点で、PDSを普通の民主主義政党と認め、交渉や協力の対象と見なす意見は三九%と、西独を含め相対的多数に達した。

とは言え、PDS中央指導部の世代交代は、失敗に終わった。二〇〇二年九月二二日の連邦議会選挙でPDSは、ツィンマー、クラウスに加え、ディートマル・バルチュ連邦幹事長、ペトラ・パウ連邦議会副議員団長の四人を前面に出して戦ったが、得票率わずか三・一%という惨敗を喫した。今やPDSの国会議員は、小選挙区で勝ったパウ（ベルリン=ミッテ/プレンツラウアー・ベルク）、ゲジーネ・レッチュ（ベルリン=リヒテンベルク）の二議員のみとなった。敗北の原因としては、新しい党指導部の知名度が低く、チームワークも機能しなかったこと、選挙区数が三七八から二九九に削減されたこと、ギジ・ベルリン経済相が選挙戦中の七月三一日に「ボーナス・マイル・スキャンダル」で辞任、選挙民からPDSも「政治階級」といういわば「同じ穴の狢」と見なされたことが挙げられる。また特に党内左派は、メクレンブルク=フォアポンメルン州、ベルリン特別市での政権参加自体に敗因を求めた。

総選挙後も指導部内では抗争が続き、一度は党首に再選されたツィンマーは、二〇〇三年五月七日、ベルリンでの臨時党大会で、再度党首に立候補しないと表明、六月二八～二九日でのベルリン党大会で、ビスキー・ブランデンブルク州議会議員団長が、七八・二％で再度党首となった。党内の対立状況を睨んで、ビスキーは、メクレンブルク=フォアポンメルン州とベルリン特別市の「赤赤連合」を擁護した。

ともあれ、内政では「アジェンダ二〇一〇」の導入、外交・安保政策では米英のイラク侵略戦争という重大事態に際し、連邦議会議員わずか二名では、PDSはその存在感をおよそ発揮できなかった。

1　ただし、西側占領地区では自由民主党の略称はFDPとなった。

2　四日ハンガリーでは社会民主党一七・四％、共産党一六・九％、二五日オーストリアでは社会民主党四四・六％、共産党五・四％という得票率であった。

3　「剣を打ち直して鋤とし、槍を打ち直して鎌とする」（ミカ書4・3）に由来するこのスローガンのデザインは、ソ連から寄贈され、国連本部の北庭に置かれているエフゲニー・ヴチェティッチの彫刻からとられたものである。

4　同日夕刻の記者会見で、DDR市民が自由に西側に旅行できることになったと発表したギュンター・シャボウスキ・ベルリン県第一書記は、実施時期を質問され、本来「一一月一〇日」のはずであるところを、「直ちに、遅滞なく」と答えてしまった。これを西側メディアが報じ、それに接したDDR市民が国境検問所に押し寄せ、「壁」の崩壊に至ったのである。

5　Jürgen Hofmann, Die Historische Kommission der PDS und die Geschichtsdebatte, in: Detlef Nakath (Hrsg.), *DDR-Geschichte: Bilder und Zerrbilder. Siegfried Prokop zum 70. Geburtstag*, Berlin 2010.

6　拙稿「ノスタルジーか自己エンパワーメントか―東ドイツにおける「オスタルギー」現象」高橋秀寿・西成彦（編）『東欧の20世紀』人文書院、二〇〇六年。Eiichi Kido, Betrachtungen über die Geschichtspolitik in Deutschland zur DDR-Vergangenheit, in: Nakath (Hrsg.), a.a.O.

7　同様に緑の党は、西独で四・八％と五％に及ばなかったが、東独での六・二％により、八議席を割り当てられた。

8　*Allensbacher Jahrbuch der Demoskopie 1984-1992*, Band 9, München/New York/London/Paris 1993, S.742f.

9　フリッツ・フィルマー『岐路に立つ統一ドイツ―果てしなき「東」の植民地化』青木書店、二〇〇一年。

10　*Allensbacher Jahrbuch der Demoskopie 1993-1997*, Band 10, München 1997, S.879. なお西独では、「正しかった」二五％、「正しくなかった」四五％と、対照的な結果であった。

11　二期目は、緑の党が州議会進出に失敗したため、ＳＰＤの単独少数政権であった。

12　ＰＤＳが連邦議会に残ると見ていたのは、三二％（西二六％、東五六％）であった。*Allensbacher Jahrbuch der Demoskopie 1993-1997*, a.a.O., S.851.

13　Ebenda, S.881. 他方西独では、ＰＤＳを「普通の民主主義政党」と見るのはわずか九％であった。七八％が懐疑派で、憲法擁護庁による監視も四一％が肯定した。

14　Ebenda, S.884. 西ではＰＤＳへの指弾がなお激しく、「もう責任はない」二二％、「まだ責任がある」五一％であった。

15　Ebenda, S.880. 西では六・四、全国平均では五・八であった。

16　http://www.glasnost.de/db/DokZeit/9702erfurt.html

17　*Allensbacher Jahrbuch der Demoskopie 1998-2002*, Band 11, München 2002, S.742.

第4章　東西における政治意識の変化

吸収合併の「ドイツ統一」により、東独市民は、凄まじい喪失体験に見舞われることになった。最初の二年間で職場を半減し、工業生産を三分の一に激減させた「ショック療法」は、市民生活に多大な負の影響をもたらした。エリート層はおしなべて西独出身者で占められ、東独市民はいわば「二級市民」として、その経歴や価値観、生活意識をことごとく否定された。

「統一」後暫くの間、東西ドイツ市民間の意見対立は、「東独市民が、民主主義と市場経済を理解していないからだ」と、彼らの意識の「遅れ」によって説明された。勝者である「西」は、敗者である「東」から何も学ぶ必要はないという暴論も公然と飛び交っていた。

しかし、「統一特需」も束の間、新自由主義的なグローバル化に後押しされて、大量失業は西独にも容赦なく波及した。また、「二度と戦争をしない」という戦後の公理に背馳して、外交の軍事化も進んだ。そうした中で、政治意識や価値志向の面で西が東に接近するという逆説的な現象が生まれた。

1 「公正」・「平等」の再発見

東独に「華々しい光景」が現出するというコール首相の発言を真に受けた東独市民は、一九九〇年当時、六割（五九％）が五年以内に東西間の経済的均衡が生まれると期待していた。[1] ところが六年後には、その割合は一八％に激減、反対に「一〇年以上かかる」という意見が半数（四九％）に達した。東独社会の発展のあり方についても、「もっと違うやり方があるはずだ」と見なす東独市民は、一九九一年一〇月の三五％から、一九九六年一一月の五四％に増大した。[2] 自分たちは「二級市民」だという感情を抱く東独市民の割合も、一九九九年の四五％から二〇〇二年五月の五七％に増えた。[3]

しかしそれは決して、ＤＤＲへの回帰願望を意味しない。言論の自由、旅行の自由、豊かな商品提供など、圧倒的多数の東独市民にとって、「ドイツ統一」は「喜び」であって、「心配の種」ではなかった。彼らはまた、民主主義と市場経済という社会体制も、規範としては承認していた。

しかしながら、実際の統治形態に対する評価は別である。図4-1のように、民主主義の問題解決能力に対する信頼は、西独市民に比べ、東独市民は格段に低い。

ドイツの経済状況について、二〇〇一年一一月現在、西の三六％が「公正」、四二％が「不公正」とかなり拮抗していたのに対し、東は、「不公正」六八％が「公正」一三％を圧倒した。[4] 国家形態についても、二〇〇〇年九月の時点で、東独市民のなお四〇％は、ドイツ統一は、市場経済と人間性、

図4-1　東西ドイツ市民の民主主義への信頼度

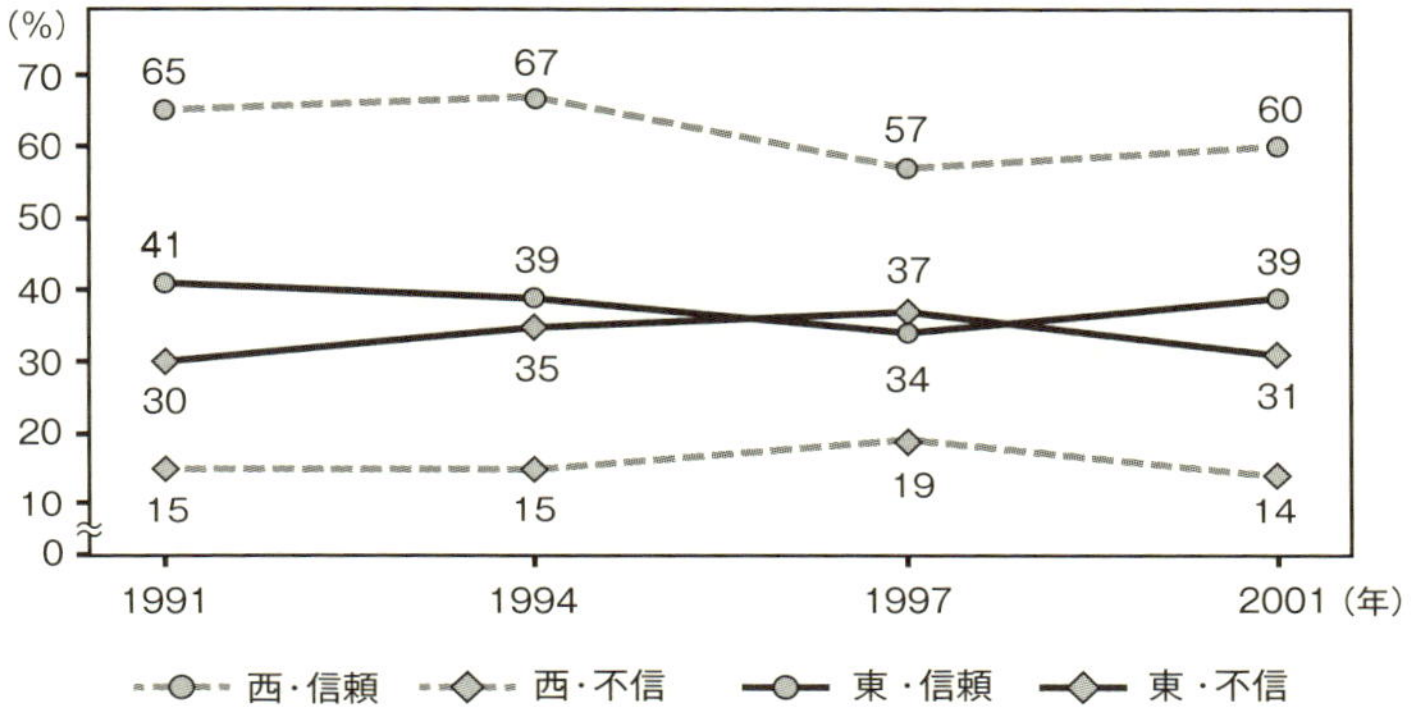

Allensbacher Jahrbuch der Demoskopie 1998-2002, a.a.O., S.596.

図4-2　東西ドイツ市民の「自由」・「平等」選好

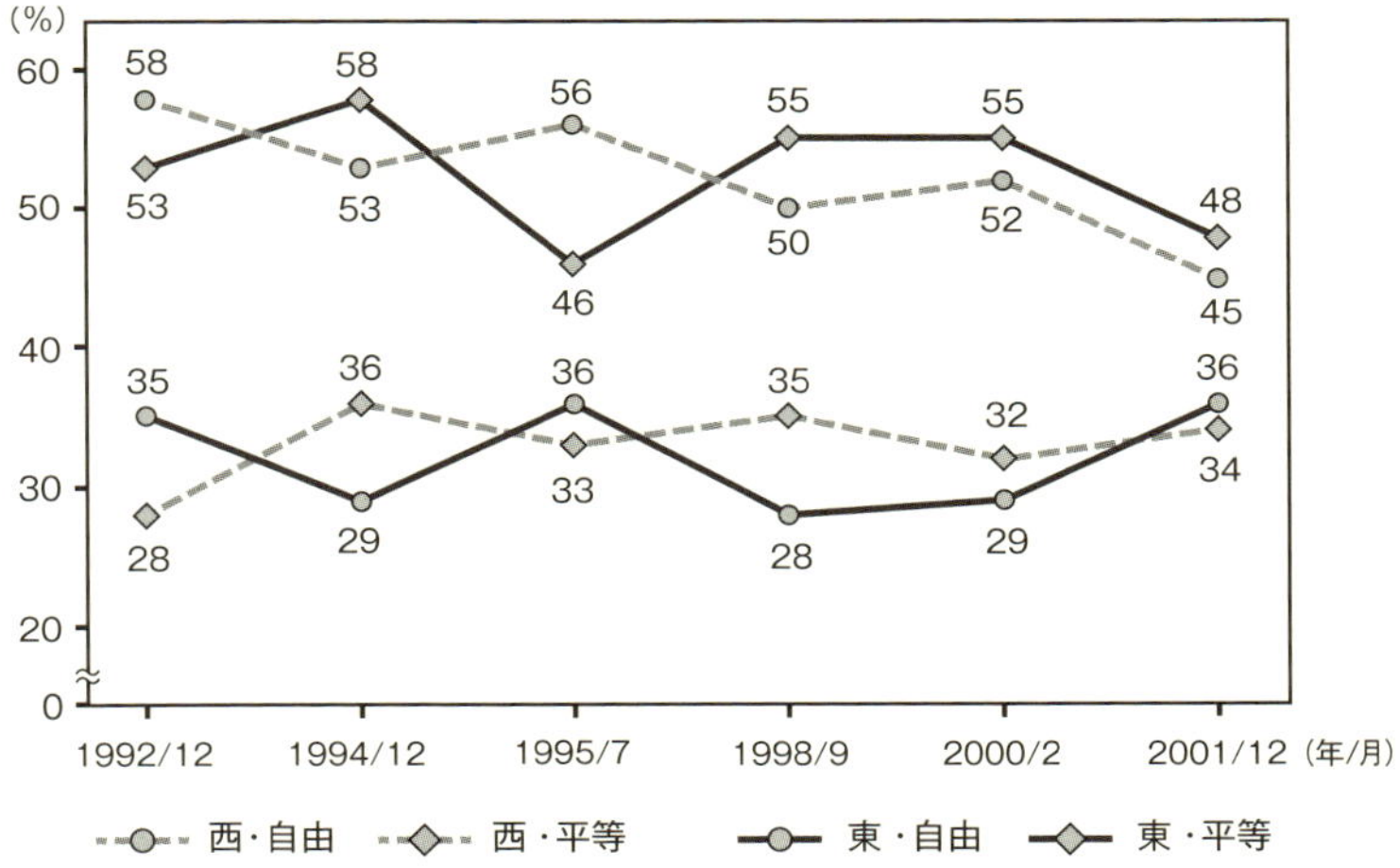

Allensbacher Jahrbuch der Demoskopie 1998-2002, a.a.O., S.602f.

社会主義を結びつける新しい国家形態のチャンスだったと惜しんでいるし（西では八％）、同年一一月の調査では、五七％が、社会主義はよい理念だが、まずく実行されたと答えている（西は三〇％）[5]。

興味深いのは、「自由」と「平等」という価値をめぐる態度の変化である（図4-2）。かつては、西が「自由」、東が「平等」という価値を強調していた。それが「統一」を経て、東では「平等」を重視する立場が一貫して優勢なのに対し、西では「平等」重視派の割合が「自由」重視派にじわじわ近づいたことである。それは、グローバル化の中で、西独市民もまた社会的安全を脅かされた結果と見ることができる。つまり、一九九七年一月九日の「エアフルト宣言」で謳われた「社会的民主主義」は、東独だけでなく西独にも妥当する要求であった。そして、シュレーダー政権が「ハルツ改革」を打ち出したことで、西独でも東独並みに「公正」・「平等」の価値が再認識されるようになった。

２　「統一」後の外交的・軍事的枠組

東西ドイツ市民の政治意識のズレと接近は、外交・軍事に関して、より顕著に認められる。統一ドイツは、「２＋４条約」によって、ＮＡＴＯ残留を国際的に認められた。しかしドイツの国内世論は、統一後のドイツがＮＡＴＯの一員となるか、それとも中立を志向すべきかで、東西で対照的な傾向を示していた（表4-1）。また、「制服を着た市民」と称される連邦軍の新兵補充の方法をめぐっても、東西の世論は、当初ほとんど正反対の傾向を示し、その後も東は徴兵制廃止を主張する割合で、常に

表4-1　統一ドイツの同盟関係に関する国内世論（1990年6月）

	西	東
NATO残留	52%	31%
中立は可能	32%	51%

Allensbacher Jahrbuch der Demoskopie 1984-1992, Bd.9, München//New York/London/Paris 1993, S.1073.

表4-2　徴兵制をめぐるドイツ世論

	西				東			
年/月	91/3	91/11	95/4	00/6	91/3	91/11	95/4	00/6
維持すべき	50%	38%	55%	48%	34%	34%	52%	43%
廃止すべき	36%	48%	29%	40%	56%	49%	35%	41%

Allensbacher Jahrbuch der Demoskopie 1984-1992, a.a.O., S.1055, *Allensbacher Jahrbuch der Demoskopie 1993-1997*, a.a.O., S.1123 und *Allensbacher Jahrbuch der Demoskopie 1998-2002*, a.a.O., S.975.

西を上回った（表4-2）。

これらの数値は、「統一」を求めた東独市民が、西側の外交・軍事システムへの編入を無条件に歓迎したわけではないことを示している。彼らの「平和志向」の理由としては、東西の対立関係が今なお人々の政治意識に影響し、かつて敵対関係にあったNATOや連邦軍を肯定的に受け入れられなかったことも考えられよう。

そもそも分断国家の成立は、西独（一九四九年五月二三日）がDDR（同年一〇月七日）より五カ月早かったし、徴兵制の導入に至っては、西独（一九五六年七月二一日）がDDR（一九六二年一月二四日）よりもはるかに先行していた。「ボン政府の報復主義・戦争挑発」といったDDR側からの非難は、必ずしも根拠のない宣伝とは言えなかった。

「自由主義陣営」の盟主である米国は、DDRでは、帝国主義支配と文化的退廃の中心と見なされ、統一後も市民の多くは、「アメリカン・ドリーム」を例外として、おおむね批判的な米国イメージを抱いていた。[6] 駐留米軍は「友人・同盟者」ではなく「占領者」と見なされ、また連邦軍についても、その必要性を認める声は相対的に弱かった。しかし、そうした敵のイメージが墨守されただけなら、旧体制への回帰願望が露わになったであろうし、そもそも東独大衆が「統一」を渇望したことの説明がつかない。そこで、冷戦が及ぼした別の影響に目を向ける必要がある。

冷戦の特に前半期、西側では「平和」の語がタブー視されたのに対し、東側では「平和」の価値が強調された。[7] DDRでは、建国初期から平和運動が国家的に組織化された。その上部組織は、一九四九年五月に発足した「平和闘士ドイツ委員会（Deutsches Komitee der Kämpfer für den Frieden）」を引き継いだ「ドイツ平和委員会（Deutsches Friedenskomitee）」として、一九五〇年五月にベルリンで設立された。それはさらに、一九五三年より「ドイツ平和評議会（Deutscher Friedensrat）」、一九六三年六月より「DDR平和評議会（Friedensrat der DDR）」という名称で、世界平和評議会の一員として、平和・国際緊張緩和・軍縮を求める国際運動の一翼を担った。初代代表は、科学アカデミー総裁にもなった物理学者、ヴァルター・フリードリヒが、第二代代表は一九六八年から八九年まで、元イエーナ大学学長の化学者、ギュンター・ドレファールが務めた。

ＤＤＲの平和運動は、著名な女流作家アンナ・ゼーガースらの関与もあって、声望が高かった。一九六九年六月二一～二四日には、ベルリンで、世界平和集会（Weltreffen für den Frieden）が開かれた。グエン・ティ・ビン南ヴェトナム臨時革命政権外相や、西独の指導的な福音主義神学者マルティン・

ニーメラーら、一〇一カ国から一一〇二名が参加したというこの会議は、ホスト国DDRにとって、外交的閉塞状態を脱し、国際舞台へと飛躍する一つの契機となった。

軍縮・民族独立・反植民地主義・反人種主義・反ファシズムの運動は、しかし、「官製運動」として、支配政党SEDの指導を仰ぎ、「帝国主義と戦争」に対抗する「平和と社会主義」の国家ドクトリンに資することが求められた。平和と社会主義との関係は、一九八九年一二月三日、ホーネッカーらとともにSEDを除名されたヴェルナー・クロリコフスキ元政治局員の著作の表題のように、「社会主義が強まれば強まるほど、平和が確かになる」[8]という一面的なもので、その意味で、「平和」の主張は、現存社会主義体制によって道具化された。異論を認めない政治的不寛容が平和を保証するかのような教条主義のなか、平和主義は、戦争の階級的性格を考慮しないブルジョワ・イデオロギーとして否定された。

一九八〇年代、「剣を鋤に」を契機として、個人の人権と平和を結びつける自生的な市民運動が、教会に保護された空間の中で発展していった。DDRの自由化・民主化を求める異論派の運動と、国際環境の変化とが相まって現出したのが、一九八九年「平和革命」である。とりわけ、反政府運動の高まりに対し、流血の「中国式解決」が懸念された一〇月九日のライプツィヒは、非暴力に徹することの強さを内外に示したのであった。この「平和革命」の精神的遺産は、東独的な価値の重要な構成要素となった。

3　湾岸戦争への対照的評価

一九九一年一月一六日に始まった湾岸戦争は、「統一」直後のドイツに深刻な影響を及ぼした。ドイツでは、開戦前後から若者を中心に、「石油のために血を流すな!」との反戦運動が活発化した。国内には、「迫り来る終末、世界の滅亡、軍事行動と環境破壊による世界の終焉を憂う声が巷にあふれていた」という。[9] 事実、同年二月現在、東独市民の六八%、西独市民の六〇%が、湾岸戦争に不安を覚えると答えている。[10]

戦争終結後、ドイツは、九〇億ドルもの戦費負担をしたにもかかわらず、軍事面での不貢献を米国などから強く批判された。ここに、戦争拒否と西側同盟という戦後西独が保持してきた二大原則の間で、重大なジレンマが生じた。湾岸戦争で、ドイツ企業がイラクに売り込んだ毒ガスがスカッド・ミサイルでイスラエルに放たれるという報道は、ホロコーストを避けて通れない戦後ドイツ人の「原罪」意識を刺激し、「クウェート解放」という西側の「大義」とあいまって、反戦の気運に冷水を浴びせた。

ここでも、東と西の政治的態度は対照的であった。表4-3が示すように、西では、「歴史の経験に照らして、サダム・フセイン打倒に寄与するのがドイツ人の道義的義務だ」と考える市民が四七%に達し、「米国支援は道義的義務に当たらない」と考える三四%を凌駕したが、東ではそれぞれ三一%、四三%と、反対の傾向を示した。[11] より一般的に、歴史の教訓として、ドイツは戦争不参加と独裁者打

表4-3　湾岸戦争に関するドイツ世論（1991年2月）

	西	東
フセインは権力欲から自国民を犠牲にしている	73%	61%
戦争は環境破壊を引き起こし、皆が敗者となる	71%	64%
戦争はすべてサダム・フセインのせいだ	58%	43%
ドイツの毒ガスがイスラエルを脅かしているので、私は恥ずかしい	54%	57%
世界は今団結し、連合軍を支持する必要がある	50%	31%
経済制裁ではフセインを抑えられず、戦争は不可避だった	48%	35%
時々で戦争を進めたりサボったりすれば、ドイツは誰からも好かれない	46%	26%
戦争は政治の手段ではなく、政治家たちは交渉のテーブルに戻るべきだ	41%	53%
イスラエルの存続がかかっており、今は同国を支持すべきだ	39%	20%
ドイツ人こそ、フセインのような独裁者の失脚に全力を尽くすべきだ	35%	26%
米軍の爆弾は、やはり主に民間人に落とされている	29%	40%
米国にとって湾岸地域で重要なのは、石油だけだ	23%	37%
サダムの軍拡は出来ても、被害の除去の場合は自重すべきだ	23%	17%
湾岸戦争は即時無条件で終わらせるべきだ	23%	37%
ドイツはこの危機で嘆かわしい態度をとっている	21%	20%
どんな場合でも関与せず、連合軍を資金でも支援すべきでない	26%	35%

Allensbacher Jahrbuch der Demoskopie 1984-1992, a.a.O., S.1090.

倒のどちらを優先すべきかについても、西では「戦争不参加」三六%、「独裁者打倒」五〇%、東では「戦争不参加」五八%、「独裁者打倒」三八%であった。[12] 湾岸戦争自体に対する見方も、西では多国籍軍支持、同盟への忠誠を重視する意見が目立ったが、東では、紛争の政治的解決を望み、民間人の犠牲を憂う声が比較的多数を占めた。

東西世論のズレを象徴する人物としては、西独の代表的評論家ハンス・マグヌス・エンツェンスベルガーと、東独ライプツィヒ・ニコライ教会のクリスティアン・フューラー牧師が挙げられる。元来批判的知識人の一人に数えられていたエンツェンスベルガーは、週刊誌『デァ・シュピーゲル』一九九一年二月四日号に、フセインを純粋な殺戮者という意味でヒトラーの再来と位置づけ、多国籍軍の攻撃を支持し、「反米主義」の反戦運動に非難を浴びせた。他方、「平和の祈り」とそれに続く「月曜デモ」を通じて、DDR平和革命の導火線的な役割を果たしたフューラー牧師は、「非暴力」の意義を想起させ、戦争反対の運動を組織した。

湾岸戦争を経て、コール政権は、国連の平和維持活動に連邦軍を参加させる方向に方針を転換した。これに対し、ドイツの世論は一九九二年三月現在、西では、「ドイツも国連平和維持軍に参加して責任を果たすべきだ」という意見が相対的に多数（四五％）を占め、「自国の歴史に鑑み、平和維持軍には参加せず、経済的・政治的な影響力の行使にとどめるべきだ」（三七％）を相当上回ったが、東では、後者が過半数（五七％）で、前者（二六％）を倍以上引き離した。[13]

4　本格化する連邦軍派兵

さらにドイツの世論は、ボスニアでのＮＡＴＯの戦闘行為にドイツも参加すべきか、あるいは、湾岸地域で新たな紛争が起こり、ＮＡＴＯ軍が派遣されれば、ドイツも同じ義務を負うべきかという問題についても、なお東西で分裂していた（表4-4）。一九九五年七月二六日、国連より空爆権限を委譲され、ＮＡＴＯが八月三〇日未明に開始したボスニア・セルビア人勢力支配地域への空爆に対して

表4-4　NATO軍のボスニア・湾岸地域介入に連邦軍が参加することをめぐるドイツ世論

		全独	西	東
ボスニア（1995年9月）	参加すべきだ	45%	50%	25%
	参加すべきでない	43%	38%	64%
湾岸地域（1996年9月）	参加すべきだ	50%	53%	39%
	参加すべきでない	32%	29%	46%

Allensbacher Jahrbuch der Demoskopie 1993-1997, a.a.O., S.1147.

表4-5　NATO軍のボスニア空爆に対するドイツ世論（1995年9月）

	全独	西	東
歓迎する	51%	56%	31%
間違いだ	33%	28%	52%

Allensbacher Jahrbuch der Demoskopie 1993-1997, a.a.O., S.1147.

表4-6　国連の委任による連邦軍出動のありかたをめぐるドイツ世論

	全独			西		東	
年/月	92	96/7	00/8	96/7	00/8	96/7	00/8
連邦軍は、国連が委任した出動に、NATO指揮下で無制限に参加すべきだ	18%	29%	37%	32%	40%	19%	28%
連邦軍は、国連が委任した出撃でなく、平和維持の出動にのみ参加すべきだ	41%	44%	32%	45%	32%	39%	32%
NATO出動地域以外の行動に、連邦軍は関与すべきでない	30%	18%	20%	14%	19%	32%	26%

Allensbacher Jahrbuch der Demoskopie 1993-1997, a.a.O., S. S.1143 und *Allensbacher Jahrbuch der Demoskopie 1998-2002*, a.a.O., S.979.

も、西では過半数が「支持」、東では過半数が「不支持」であった（表4-5）。

それからほぼ一年後の一九九六年七月時点でも、国連の委任による連邦軍出動のありかたをめぐって、東では、NATO出動地域以外の行動は控えるべきだという意見が、西よりはるかに多かった（表4-6）。同じ時期、ドイツ人が今後も平和で暮らせるための要件を問われ、東独市民は、NATO帰属や対米関係への逡巡を示した（表4-7）。

5　コソヴォからアフガンへ

冷戦後の世界では、大国による一方的な武力行使が目立った。一九九九年三月には、コソヴォにおける「人道的危機」を理由に、国連の承認を経ないまま、NATOがユーゴスラヴィアを空爆し、二〇〇一年一〇月には、「9・11」に対する「自衛権の行使」という名目で、米英がアフガニスタンを攻撃した。

ユーゴ空爆で、ドイツが第二次世界大戦後初めて公式に実戦参加するという未曾有の事態に対する世論の反応も、東西で正反対であった。ユーゴ空爆に対し、西独市民の六四％が賛成したが、東独市民は五六％が反対した（賛成は四〇％）[14]。コソヴォ紛争におけるドイツ政府の態度についても、一九九九年四月現在、西は支持六六％、不支持二〇％であったが、東では不支持五六％、支持二七％であった[15]。

コソヴォにおけるNATOの介入の仕方や、「人道的介入」そのものの是非、NATOの評価についても、東西の見解は鋭く対立した（表4-8・表4-9）。二〇〇二年一月時点でも、西独市民では、NATO信頼派が五七％、不信派が三一％だったが、東独市民の場合は、それぞれ三四％、五一％と、

表4-7　ドイツの平和確保にとって重要なことがら（1996年7月）

	全独	西	東
NATO加盟国であること	62%	64%	54%
アメリカとの良好な関係	54%	57%	41%
欧州統合の進展	52%	52%	55%
国連	44%	44%	42%
ロシアとの良好な関係	41%	44%	33%
ロシア情勢の安定	37%	37%	37%
東欧における戦争の終結	34%	32%	42%
連邦軍	31%	32%	28%
東欧諸国の経済好転	29%	29%	33%
低開発諸国への援助	18%	18%	19%

Allensbacher Jahrbuch der Demoskopie 1993-1997, a.a.O., S.1102.

表4-8　NATOのコソヴォ介入の仕方をめぐるドイツ世論（1999年5月）

	全独	西	東
最初から地上軍も投入すべきだった。空爆だけで目的は達せられない	16%	18%	9%
空爆で十分。地上軍の投入は危険すぎる	42%	46%	25%
空爆ですらやりすぎ。NATOは軍事介入してはならなかった	31%	24%	57%

Allensbacher Jahrbuch der Demoskopie 1998-2002, a.a.O., S.989.

表4-9　NATOのあり方をめぐる東西ドイツ世論の隔たり（1999年6月）

	全独	西	東
人道的介入もNATOの任務だ	47%	52%	26%
NATOは純粋な防衛同盟であるべきだ	36%	31%	55%
NATOはより利益をもたらす	43%	48%	24%
NATOはより不利益をもたらす	17%	13%	32%

FAZ, 16. Juni 1999, S.5.

基本的な構図に変化は見られない。[16]

さらに、「9・11」への反応も、東西は対照的であった。西では、「欧州諸国なども米国と共同で対抗措置をとるべきだ」という意見が多数だったのに対し、東では以前と同様、紛争の平和的解決を求める声が多かった（表4-10）。実際に一〇月七日に始まった米英のアフガニスタン攻撃についても、表4-11のとおり、西が同情的であったのに対し、東は批判的であった。さらに、アフガニスタン平和維持部隊への連邦軍参加をめぐっても、東西の評価は正反対であった（表4-12）。

6　イラク戦争——西の東へのキャッチアップ

以上見てきたような東西ドイツ間の平和意識の隔たりは、二〇〇二年五月のブッシュ訪独を前に、急速に縮まった。ベルリンでは、八万人以上が反ブッシュ・デモに結集し、内外の注目を集めたが、ドイツの一般市民は、デモ自体にはむしろ冷ややかな態度をとっていた。来訪前日（二一日）に行われた調査によると、デモに理解を示したのは、西では三七・〇％、東では三五・九％と、東西の差がほとんどない。[17] これは、「9・11」の衝撃で、その原因に関する理性的な議論や必要な政治的変化が妨げられ、多くのドイツ人が「反テロ戦争」を「西側世界」の防衛と受け止め、これとブッシュ個人とを一体化させて捉えたためだと解釈されている。

しかしながら、グローバル軍事覇権主義を推進するブッシュ政権に対するドイツの世論は、決して

表4-10　「9・11」への対応の仕方をめぐるドイツの世論（2001年10月）

	全独	西	東
テロは文明社会全体に向けられたものなので、欧州や他の国々は米国と共同でも軍事的対抗措置をとる必要がある	45%	50%	25%
軍事攻撃はあるべきでない。紛争はあくまで平和的手段で解決すべきだ	36%	34%	46%
テロはまず米国に向けられたものなのだから、米国が軍事的対抗措置をとるべきだ	14%	12%	21%

Allensbacher Jahrbuch der Demoskopie 1998-2002, a.a.O., S.995.

表4-11　アフガニスタン攻撃への態度（2001年11月）

	全独	西	東
アフガンにテロリスト擁護を許さないと示す以外、米国に選択肢はなかった	53%	56%	38%
武力行使によるタリバン壊滅でのみ、アフガンの政治的再出発が可能だった	47%	51%	37%
結局市民が苦しむので、武力行使は拒否すべきだ	31%	27%	46%
米国は、イスラーム諸国民を憤激させ、状況をさらに悪化させた	30%	26%	46%
ドイツは武力行使に参加すべきでない	30%	27%	43%
武力行使は何ももたらさない。アフガンのような国に対し勝利はない	29%	28%	35%
テロ撲滅に武力行使は間違った手段だ。イスラーム諸国に開発援助すべきだ	26%	23%	37%
全体が一つの大きな戦争に至るだろう	22%	21%	24%
ドイツは大国なのだから武力行使に参加すべきだ	20%	22%	13%

Allensbacher Jahrbuch der Demoskopie 1998-2002, a.a.O., S.996.

表4-12　アフガニスタン平和維持部隊への連邦軍参加に関する賛否（2001年11月）

	全独	西	東
賛　成	51%	57%	27%
反　対	34%	28%	56%

Allensbacher Jahrbuch der Demoskopie 1998-2002, a.a.O., S.990.

好意的だったわけではない。二〇〇二年四月の世論調査によると、「米国は他国に干渉しすぎる」という意見は、一九九三年一〇月より八ポイント増（六八％→七六％）、「米国が世界の紛争地帯に介入するのは、自国の利益のためだけだ」は七ポイント増（五八％→六五％）と、米国批判の声が明らかに高まった。[18] このデータでは、東西別の数値は不明であるが、少なくともそれまでのような正反対の結果でなく、東西ほぼ同様だったと推測される。

　イラク危機が深まった二〇〇三年二月一五日、戦争反対の「世界同時多発デモ」で、ベルリンには、主催者も予想しない五〇万人もの市民が結集した。三月二〇日、米英の侵略戦争開始を受け、四月四日に放送された第一テレビ（ＡＲＤ）の世論調査によると、ドイツ市民の八〇％はイラク戦争を「不当」と断罪し、「正当」と見なしたのはわずか一四％にすぎなかった。これを東西別に見ると、西独七八％、東独八七％となる。いずれも圧倒的多数には違いないが、九ポイントの差をどう見るかは、評価の分かれるところであろう。いずれにしても確実に言えるのは、イラク戦争の段階に至って、平和に関する東西ドイツの世論が著しく接近した、より正確に言うなら、西の世論が東に近づいたのである。

　同じことは、米国への好感度にも当てはまる。イラク戦争後の二〇〇三年七月、「米国人が好き」と答えた割合は、西では二年前に比べ一二ポイント減（五四％→四二％）、東では一三ポイント減（四〇％→二七％）となった。[19] それに対応して、米国による安全保障よりも対仏協調を重視する比率は、西四九％、東五九％に増加した。[20]

東独市民の「平和志向」には、戦争体験、ＤＤＲ時代における「社会主義的平和国家」の内面化、一九八九年「平和革命」の精神的遺産など、さまざまな要素が混在している。そして、西独市民の間でも、「自由と民主主義」を掲げる覇権国家が「力の支配」を露骨に志向するにつれて、非暴力の政治文化が再発見された。武力信仰に基づく暴力の連鎖から脱却し、平和的手段による平和の実現を目指すうえで、東独市民の経験的主張がアクチュアリティーを発揮したのである。

1　*Allensbacher Jahrbuch der Demoskopie 1993-1997*, a.a.O., S.604.
2　Ebenda, S.607.
3　*Allensbacher Jahrbuch der Demoskopie 1998-2002*, a.a.O., S.521.
4　Ebenda, S.630.
5　Ebenda, S.623.
6　拙稿「「ドル帝国主義」、インディアン映画、国産コーラ―東ドイツにおけるアメリカ像」『20世紀のアメリカ体験』青木書店、二〇〇一年参照。
7　ヨハン・ガルトゥング『ガルトゥングの平和理論―グローバル化と平和創造』法律文化社、二〇〇六年、一八六頁。
8　Vgl. Werner Krolikowski, *Je stärker der Sozialismus – desto sicherer der Frieden. Ausgewählte Reden und Aufsätze*, Berlin 1988.
9　イアン・ブルマ『戦争の記憶―日本人とドイツ人』ＴＢＳブリタニカ、一九九四年、一八～一九頁。
10　*Allensbacher Jahrbuch der Demoskopie 1984-1992*, a.a.O., S.1091.

11 Ebenda, S.1088.

12 Ebenda, S.1088f.

13 Ebenda, S.1094.

14 *Süddeutsche Zeitung*, 17./18. April 1999, S.13.

15 *Allensbacher Jahrbuch der Demoskopie 1998-2002*, a.a.O., S.988.

16 Ebenda, S.987.

17 Dietmar Wittich, Grollen im Container. Umfragen zu den Demonstrationen während des Bush-Besuches, in: *Freitag*, 31. Mai 2002.

18 *Der Spiegel*, 18. Mai 2002, S.27f.

19 *FAZ*, 23. Juli 2003, S.5.

20 Ebenda, 14. Mai 2003, S.5.

第5章　左翼統一政党結成への道のり

1　月曜デモ

二〇〇五年一月一日の「ハルツⅣ」施行が近づき、一六ページもの「第二種失業給付金」申請書を記入することになった二〇〇四年七月半ば、長期失業者への給付を生活保護水準に引き下げるこの制度の導入に反対する運動が急速に高まった。七月三一日、東独ザクセン＝アンハルト州の州都マグデブルクで、約六〇〇人の「月曜デモ」が始まった。それが二週間後には同市だけで一万二〇〇〇人など、東独各地で延べ四万人の参加者を集めるまでに発展した。

「月曜デモ」は、一九八九年ＤＤＲ「平和革命」の導火線となったライプツィヒ・ニコライ教会を抜きにしては語れない。この教会では、一九八二年九月から、毎週月曜日の夕刻に「平和の祈り」が開かれた。これは、東西関係の緊張激化に抗して、両独の青少年牧師館が一九八〇年一一月に行った

「平和旬間」に端を発したものである。この年ニコライ教会に赴任し、「平和の祈り」を主宰したクリスティアン・フューラー牧師は、「万人に開かれた」教会を標榜した。

ソ連・東欧の改革路線を拒絶するSEDの老指導部に絶望した東独市民が、特に一九八九年夏以降ハンガリーなどを経由して西独に大量出国してゆくなか、ニコライ教会では、「平和の祈り」のあと、東独の自由化・民主化を求める「月曜デモ」が行われるようになった。当初当局はデモを力で抑え込んでいたが、デモ参加者は増大、一〇月九日は、当局による流血の「中国式解決」が懸念された。結局、DDR指導部もソ連駐留軍も事態を容認し、ろうそくを灯しながら「われわれが人民だ」、「暴力反対」と唱える七万人のデモは、まさに非暴力に徹することの強さを示したのであった。

フューラー牧師は、「ベルリンの壁」が崩壊し、東独大衆が西独のきらびやかな消費生活に目を奪われ、「統一」へとなだれ込んでいった後も、湾岸戦争反対、失業者支援、極右暴力反対など、引き続きさまざまな社会・政治問題に取り組んだ。彼は「月曜デモ」を、疎外され孤立し発言の機会や力を奪われた「人民の演壇」と位置づけていた。それが、一五年の時を隔てて復活したのである。

フューラー牧師によれば、「統一」後のドイツでは、ひたすら「成長」を急き立て、「能力主義」の名の下に強者が弱者を押しのける「市場経済」の空疎な経済倫理と、自己革新を拒む制度形式主義的な「民主主義」のなかで、人々は、自尊心を傷つけられ、自己決定や連帯の契機を奪われ続けてきた。ザクセン福音ルター派州教会のヨッヘン・ボール監督を迎えた二〇〇四年八月三〇日の「平和の祈り」では、「万人にとっての正義」という主題のもと、人間の尊厳の根幹に関わる労働の意義が再確

ベルリン（左）とライプツィヒ（右）の「月曜デモ」
（2004年8月16日・8月30日、いずれも筆者撮影）

認された。ライプツィヒでの「月曜デモ」参加者は、八月九日に一万人、一六日に二万人と増え、三〇日には六万人に達した。

「月曜デモ」という名称や形態については、DDR時代異論派に属した人の間でも意見が分かれた。そうした中で八月二九日、五九名の旧DDR市民運動家が、「公正、自己決定、一人前であること、人間の尊厳、自由」が損なわれている状況は往時と共通するとして、「月曜デモ」の復活に理解を示す声明を発表した。

「月曜デモ」は、八月一六日、首都ベルリンでも始まり、三万人を集めた。この日は、東独のみならず、ケルンなど西独諸都市を含む約九〇の都市で抗議運動が展開された。さらに三〇日には、二〇〇以上の都市で合計二〇万人以上が「ハルツⅣ反対」を叫んだ。

「月曜デモ」で目立ったのは、特定の団体がつくった横断幕ではなく、参加者による手作りのプラカードの林立であった。たしかに金属産業労組（IGメタル）や統一サービス産業労組（ver.di）といった労働組合や、新自由主義的グローバル化とは異なる世界を追求するATTAC（市民支援のため金融取引への課税を求める連合）などのNGO、一部の党派も関わってはいたが、デモ参加者が組織的に動員されたわけでないことは一目瞭然であった。

　九月を過ぎると、「月曜デモ」は急速に退潮した。翌年には総選挙が行われ、シュレーダー「赤緑」内閣が退陣し、「ハルツⅣ」の撤回を求める運動は直接的な標的を失った。

　それでも、社会福祉削減に対する抗議は断続的に続いた。特に、フォルクスヴァーゲンの不正支出事件からハルツ自身の汚職・買春スキャンダルが発覚、彼が二〇〇六年一一月背任罪で起訴され、翌年一月ブラウンシュヴァイク地裁で有罪の判決を受けた頃には、「改革」への不信が再燃した。二〇〇七年九月一〇日、ブレーメンの「月曜デモ」は、現地を訪れたケーラー大統領の訪問を受けるほどであった。

　貧富の格差拡大に憤る世相を反映して、社会批判的なインディー・ポップ歌手のペーター・リヒトは二〇〇六年、『我々は勝つだろう！　資本主義の終わりの本』という著作を発表、[1]さらに三枚目のアルバムとして「資本主義の終わりの歌」を発表して反響を呼んだ。

「もう聞いたかい、もう聞いたかい、それが終わり
　資本主義の終わりなのさ。今やっと終わったのさ。

　終わった、終わった、終わった、終わった、終わった、終わった、終わったのさ。

　終わった、終わった、終わった、終わった、終わったのさ。

　今やっと終わったのさ。」

　二〇〇八年冬学期には、全国三一の大学でカール・マルクスに関する自主ゼミが行われた。この年、

一〇月三一日の『デァ・シュピーゲル』誌電子版は、この現象を「小さな十月革命」を呼び、搾取状況を理解し「もう一つの世界は可能だ」との確信を抱く学生の声を伝えている。

ペーター・リヒト『資本主義の終わりの歌』のカバー

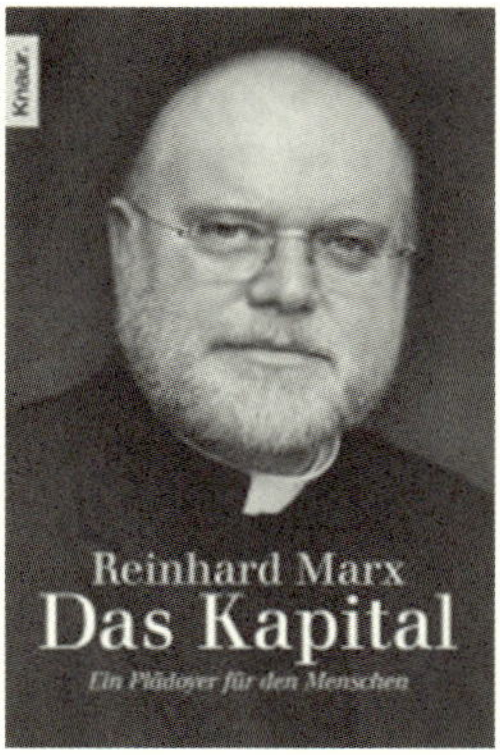

マルクス大司教の『資本論』（文庫版）

時を同じくして、カトリック教会ミュンヒェン・フライジング司教区のラインハルト・マルクス大司教は、その名も『資本論』（副題は『人間のための弁明』）という著作を刊行、「人間性も連帯も正義も欠いた資本主義は、道徳もなければ未来もない」と、今日の「ターボ資本主義」のありようを手厳しく批判した。[2] マルクス大司教はその後、福島第一原発の事故を受けて連邦政府が設置した「より安全なエネルギー供給のための倫理委員会」に名を連ね、二〇一四年三月一二日、ドイツ・カトリック教会の代表である司教会議議長に選出された。

2 左翼統一政党結成の背景

二〇〇四年八月三〇日ライプツィヒの「月曜デモ」では、特別ゲストが参加者の熱狂的な拍手で迎えられた。それは、オスカー・ラフォンテーヌ元ＳＰＤ党首である。

ザールラント州首相、一九九〇年連邦議会選挙のＳＰＤ首相候補など、輝かしい政治的経歴を持つラフォンテーヌは、党首であり連邦蔵相でもあった一九九九年三月一一日、連邦議会議員を含むすべての政治的役職から突如退いた。前日の閣議で彼は、シュレーダー首相からその「経済敵対的な政策」を強く批判されていた。一四日の短いステートメントでは、辞任の理由として、政府内の「拙劣なチームワーク」が挙げられたにとどまるが、その後著書の中では、シュレーダーとの個人的な確執も暴露されている。

ラフォンテーヌは辞任当初、政界復帰を否定していたが、直後に始まったユーゴ空爆を批判、シュレーダー政権の社会政策を社会民主主義の基本価値からの乖離、新自由主義への迎合として非難の度を強めていった。彼は、『デァ・シュピーゲル』誌二〇〇四年八月九日号に、シュレーダーが辞任しなければ新党結成に協力すると発言、八月三〇日の「月曜デモ」では、「ハルツⅣ」を含む連邦政府の政策を、「社会的弱者に対する剥き出しのシニシズム」と激しく断罪した。

ラフォンテーヌが「新党結成」に言及した背景には、「ハルツⅣ」に抗して前月、クラウス・エルンストら、社会国家の堅持を志向する西独労組活動家らの手で、社団法人「選挙オルターナティヴ・労働と社会的公正」（ＷＡＳＧ）が立ち上げられたことがある。エルンストは、二〇歳でＳＰＤに入党、金属産業労組で活動を積み重ねたが、シュレーダー政権の社会政策に反発して二〇〇四年三月にＷＡＳＧ結成を呼びかけ、党を除名されていた。

ＷＡＳＧは結成一〇日後に、ザールラントで初の州組織を持ち、一〇月一七日には、ノルトライン＝ヴェストファーレン州組織の大会で、一五人の執行部を選出し、翌年の州議会選挙への参加を決定した。

さらに翌年一月にはゲッティンゲンで、政党としてのＷＡＳＧが発足した。[3] 前年末時点で約六〇〇人いた社団法人のメンバーは、自動的にＷＡＳＧ党員になったわけではなく、入党と社団法人からの脱退は別々に手続きされた。社団法人は、党と区別するため略称をＷＡｓＧとし、現在は「左翼のシンクタンク」として「ヴォルフガンク・アーベントロート財団協会」の名称を加え、本部をバイエルン州ヒュルトに置いている。[4] 活動に当たっては、左翼党系の「ローザ・ルクセンブルク財団」や、「資本主義分析・社会政策科学協会（WISSEN Transfer）」とも連携している。

WASGのロゴ

他方ＰＤＳは、国会に議席を持つ政党のうち唯一「月曜デモ」に全党的に関与した。二〇〇四年に入り、「赤緑」連邦政府の社会政策への批判が追い風となり、ＰＤＳはテューリンゲン州議会選挙（六月一三日）で二六・一％（＋四・八％）、ザクセン州議会選挙（九月一九日）で二三・六％（＋一・四％）、ブランデンブルク州議会選挙（同日）で二八・〇％（＋四・七％）を得票し、第二党の座を占めた。また欧州議会選挙（六月一三日）でも六・一％（＋〇・三％）を得、一九九九年に続き議席獲得に成功した。

ＰＤＳは、メクレンブルク＝フォアポンメルン州とベルリン特別市の州政府与党として、連邦参議院での「ハルツⅣ」法案採決に際して一定の影響力を行使した。こうしてPDSは、一般的な認知度を高め、他党からは「SED後継政党」というイデオロギー的なレッテルを貼られる代わりに、具体的な政策論議の相手と見なされるようになった。

とは言え、PDSが東独の地域政党から脱皮できる展望は、きわめて疑わしかった。したがって、SPDの左に全国レベルの新党を築こうとするラフォンテーヌの構想は、PDSにも自己刷新のチャンスを与えた。ギジは「左翼新党」構想に前向きに反応し、二〇〇四年九月六日、マグデブルクなどザクセン=アンハルト州三都市の「月曜デモ」で演説をぶった。翌年五月二四日、ラフォンテーヌがSPDから離党し、WASGとPDSの左翼連合への支持を表明したことで、左翼新党の誕生は一気に現実味を増した。

3 左翼党誕生へ

二〇〇五年五月二二日、ドイツ最大の州、ノルトライン=ヴェストファーレン州で州議会選挙が行われた。国政の動向を左右するこの選挙に、WASGとPDSは別々に名乗りを上げた。その結果、WASGは得票率二・二%で議席を得られず、PDSは〇・九%で、政党法による公的財政補助を受けられる一%にすら達しなかった。

この州議会選挙で、SPDは三九年ぶりに与党から転落した。これを受けて、シュレーダー首相は総選挙の前倒しを表明、連邦議会選挙は本来予定されていた二〇〇六年ではなく、この年の九月一八日に実施されることになった。

もともとWASGは総選挙に参加する意向であった。しかしながら、わずか四カ月後へと投票日が早まったため、人的・資金的な立ち遅れは歴然としていた。そこでラフォンテーヌはギジと協議し、WASGとPDSの選挙連合を模索したが、選挙法上の制約から、結局WASGの個々の候補者をPDSの各州候補者名簿に載せることにした。

六月一七日、PDSとWASGは、共同文書「オルターナティヴは存在する！ 労働・公正・平和と民主主義に賛成！ 新自由主義の時代精神に反対！」を発表した。そこでは、

・尊厳ある労働。今こそ雇用を。「ハルツⅣ」廃止
・不公正・施し・無関心ではなく、連帯と社会的責任。需要に即した基本的社会保障
・社会的で民主的な教育改革。共学の延長
・公的な将来投資プログラムと東独及び西独の危機地域における追加的雇用政策措置
・直接民主主義を伴う市民権の拡大と寛容な社会。人種主義と極右への反対
・平和政策的な新機軸。軍縮と軍民転換

という具体的な共通政策を掲げた。

その翌日WASGに入党したラフォンテーヌは七月三〇日、総選挙におけるノルトライン＝ヴェストファーレン州の筆頭候補者、かつ故郷ザールブリュッケンの小選挙区候補者に選ばれた。これを機

に、ＷＡＳＧ・ＰＤＳへの入党者が相次いだ。たとえば、ＳＰＤバーデン＝ヴュルテンベルク州支部長や同州議会議員団長を歴任したウルリヒ・マウラーも、七月に離党した。彼は議席を保持したため、初のＷＡＳＧ州議会議員となった。

もっとも、ＷＡＳＧ内のラディカルな批判派は、ＰＤＳとの選挙共闘に反対した。これは、州レベルにおけるＰＤＳの政権参加経験を踏まえ、ＳＰＤより左の政党がいずれ、州さらには連邦レベルの政権に参加するのか、それとも自らの役割を抗議政党ないし批判政党とするのかという将来構想にかかわる問題であった。

結局七月一五日のＷＡＳＧ党員投票で、八一・七八％がＰＤＳとの協力に賛同、ラフォンテーヌ、マウラー、エルンストらは、ＰＤＳとの協力路線を推し進めた。他方ＰＤＳ側は一七日、ＷＡＳＧの要望に応え、党名を「左翼党・民主社会主義党（Die Linkspartei.PDS)」に改めた。翌日には、早速一一七名がこの党に入党した。

「左翼党・民主社会主義党」とＷＡＳＧは八月四日、「協力協定Ⅱ」を締結した。これにより、両党党員から成る舵取りグループと、結党文書を作成し新党の国際活動について審議する複数の作業グループが設置された。一八日にはビスキーＰＤＳ党首とＷＡＳＧのエルンストの間で、組織的合同を早める合意がなされた。さらに投票日が迫る九月七日、ギジとラフォンテーヌが、連邦議会に進出した際に実現すべき「百日綱領」を発表した。

総選挙の候補者擁立のあり方について、両党の間では、イタリアで一九九五年、シルヴィオ・ベルルスコーニ政権に対抗するため、中道・左派政党が経済学者の首相候補ロマーノ・プロディのもとに結集した「オリーヴの木」のような緩やかな連合体を形成する方法や、CDU／CSUのように、「左翼党・民主社会主義党」を東独、WASGを西独に棲み分ける方法も議論された。最終的には、既にPDSが実践していたように、「左翼党・民主社会主義党」が全独的に選挙に参加し、WASGや他の党派の党員、あるいは無党派の候補者をリストに加える方式が採用された。このため、一部には、この方法を「左翼党・民主社会主義党」によるWASGの吸収だと反発する向きもあった。

所得税最高税率の五〇%への引き上げ、税引き一〇〇〇ユーロの最低賃金の導入、四二〇ユーロの最低生活保障といった政策を主張した「左翼党・民主社会主義党」は、九月一八日の投票の結果、八・七%を得、PDS史上最高の得票率を記録した。[5] 連邦議会では、ギジとラフォンテーヌが共同議員団長を務めることになった。一二月には、「左翼党・民主社会主義党」からビスキー党首と、西独出身で通商・銀行・保険労組テューリンゲン州支部長を務めたボド・ラーメロウが、WASGからはエルンストと、フランクフルト大学労働アカデミーでアーベントロート教授の助手となり、金属産業労組で活動したトーマス・ヘンデルが「協力協定Ⅲ」に署名、両党は同一選挙でもはや競合しなくなった。年末ラフォンテーヌは、「左翼党・民主社会主義党」に入党することを表明した。

二〇〇六年二月二三日、新党の「綱領的基本方針」の草案が両党の代表から発表され、それぞれの党内で討議に付された。四月二日にはWASGの党員投票が実施され、七八・三%が「左翼党・民主社会主義党」との合同に賛成した。

両党は、メーデーを期して最低賃金の合同キャンペーンを開始、また七月一四日のブッシュ米大統領のシュトラールズント訪問に反対する共同声明・共同行動を繰り広げた。

総選挙翌年の州議会選挙では、三月二六日のバーデン＝ヴュルテンベルク州およびラインラント＝プファルツ州の選挙で、WASGがそれぞれ三・一％、二・六％を得たにとどまった。他方、同日のザクセン＝アンハルト州で、「左翼党・民主社会主義党」は二四・一％（＋三・七％）で、第二党の地歩をさらに固めた。この選挙で同党の候補者名簿には、WASG党員も名を連ねた。

ところが、九月一七日に行われたベルリン市・区議会選挙と、メクレンブルク＝フォアポンメルン州議会選挙では、「左翼党・民主社会主義党」とWASGが競合する事態となった。これは、地元のWASG組織が党中央の制止を振り切って、独自の選挙戦を展開したためである。これにより、「左翼党・民主社会主義党」はベルリン市議会選挙で一三・四％（－九・二％）、メクレンブルク＝フォアポンメルン州議会選挙で一六・八％（＋〇・四％）、WASGはそれぞれ二・九％、〇・五％の得票という結果に終わった。

「左翼党・民主社会主義党」とWASGの競合という事態は、PDSが両州で、SPDとの「赤赤連合政権」を組んでいたことに由来する。州政権与党としてPDSは、「ハルツⅣ」の実施や緊縮財政政策を直接執行せざるを得なかった。そのため、有権者からは結局既成政党と大差ないと見なされ、選挙では野党としての批判力は発揮できず、かと言ってジュニア・パートナーゆえに州政権の実績もそれほど誇示できないというジレンマに陥ったのである。

一一月の一カ月間、さまざまな地域会合や下部組織の催しで、新党の結党文書（綱領的基本方針、規約、仲裁規定、財務規定、党名提案）に関する討論が行われたのを受けて、両党は一二月一〇日、ベルリンで合同執行部会議を開き、翌年三月にドルトムントでそれぞれ開く党大会において、結党文書を提議することを決議した。そして二〇〇七年三月二四～二五日、二日に及ぶ並行党大会で、「左翼党・民主社会主義党」は九六・九％、WASGは八七・七％という圧倒的多数で、新党の結党文書を採択した。さらに同月三〇日から五月一八日までの期間、両党の党員投票が行われ、それぞれ九六・九％、八三・九％が両党の組織的合同に賛成した。また、各地で市民フォーラムも開催され、左翼統一政党結成に向け、非党員を巻き込んだ討論会も開催された。

1 Peter Licht, *Wir werden siegen!: Buch vom Ende des Kapitalismus*, München, 2006.
2 Reinhard Marx, *Das Kapital: Ein Plädoyer für den Menschen*, München, 2008.
3 左翼党成立に至る年表は、http://www.die-linke.de/partei/geschichte/aufdemwegzurneuenlinkeneinechronologie/
4 http://wolfgang-abendroth-stiftungsgesellschaft-wasg.de/index.html
5 ただし、東西での投票行動の違いはやはり顕著で、東では得票率が一五・三％だったのに対し、西では四・九％と、五％に届かなかった。

第6章　躍進と混迷

1　左翼党への期待

二〇〇七年六月一六日、ベルリンのホテル・エストレルで、新党「左翼党（Die Linke）」が誕生した。共同代表には、ＰＤＳ出身のローター・ビスキーと、ＷＡＳＧ出身のオスカー・ラフォンテーヌがそれぞれ八三・六％、八七・九％を得て選ばれた。

ビスキー、ラフォンテーヌ、それに議員団長のグレゴール・ギジと、左翼党の「顔」になったのは、年齢がほぼ六〇代で、知名度・実績ともに抜群の男性「政治スター」であった。そこで副代表には、女性三名、男性一名が選ばれ、党指導部のジェンダー・バランスが図られた。副代表に選出されたのは、ＰＤＳからまだ二〇代のカティア・キッピング（ザクセン州、八四・七％）と四〇代のカティナ・シューベルト（ベルリン特別市、六三・〇％）、ＷＡＳＧからともに五二歳の、前出のクラウス・エルン

左翼党創立党大会にて。左からビスキー、ギジ、ラフォンテーヌ、エルンスト

http//www.die-linke.de/partei/organe/parteitage/archiv/gruendungsparteitag/

スト（バイエルン州、七九・八％）と統一サービス産業労組（ver.di）出身のウルリケ・ツェアハウ（ノルトライン＝ヴェストファーレン州、七九・三％）である。

ＳＰＤの左に位置する全国政党の誕生は、どの党も似たり寄ったりの「政党カルテル」状況を打破するものと期待された。つまり、選挙でも各党とも「社会的公正」を公約に掲げながら、選挙を過ぎれば圧倒的多数で社会保障削減を可決する、あるいは国民の多数が反対しているにもかかわらず、国外派兵をやはり圧倒的多数で承認する。このような議会のあり方、より根本的には、「他に選択肢はない」と思考停止・現状肯定を強いる政治のありように変化をもたらすことが期待されたのである。

DIE LINKE.

左翼党のロゴ

その意味で、二〇〇七年八月九日付の週刊新聞『ディ・ツァイト』に掲載された世論調査は非常に興味深い。それによれば、回答者の三四％が自身を政治的に「左」と位置づけた（五二％が「中道」、一一％が「右」）。これは、一九九三年よりも一〇ポイント増の数値である。しかも党派的には、緑の党支持者の七六％、左翼党支持者の六四％、ＳＰＤ支持者の三九％だけでなく、ＣＤＵ／ＣＳＵ支持者の二五％、ＦＤＰ支持者の二三％ですら、自らを「左」と見なしているのである。

そして政策面では、七二％が社会的公正への連邦政府の取り組みに不満を覚え、六七％が鉄道や電信電話、エネルギー供給の国営化、六八％が最低賃金の導入、七四％が乳幼児の養育への国のさらなる関与に賛成している。さらに、六二％が連邦軍のアフガニスタン派兵を「どちらかといえば誤り」と見なし、八二％が法定年金受給年齢を六七歳から六五歳に戻すべきだと考えている。このように、左翼党の政策が支持される余地は、当初から十分に存在していたのである。

こうした政治的雰囲気は、早くも左翼党結党前夜、二〇〇七年五月にブレーメンで行われた市議会選挙に反映した。この選挙で左翼党は、ＰＤＳ時代には常に挫折していた西独州議会への進出に成功したのである。

翌年に入ると、左翼党は西独の都市州だけでなく、面積の広い州でも議席を獲得、以後二〇一〇年までの間に、バイエルン州議会選挙（二〇〇八年九月）を唯一の例外として五％の壁を破り、州議会・連邦議会・欧州議会で議席を獲得した。特にラフォンテーヌの地元ザールラント州では、二〇％を越える高い得票率を得た。さらに、また二〇〇九年九月二七日の連邦議会選挙では、「ハルツⅣ」反対、最低賃金の導入、富裕税の導入、年金受給年齢の六七歳への引き上げ反対、連邦軍のアフガニスタン駐留反対などを訴えて他党との違いを鮮明にし、緑の党をかわして第四党の座を占めるに至った。その際得票率は、西八・三％（＋三・四％）、東二八・五％（＋三・二％）で、西独でも五％を優に越え、東西間の差をわずかながら縮めた。

　西独でも左翼党が確固とした存在感を示し、ドイツで五党体制が確立したことは、他の四党、特にSPDの動向に大きな影響を与えた。たとえば二〇〇八年一月、ヘッセン州議会への進出を果たした左翼党は、「黒黄」も「赤緑」も過半数に達しない状況で、「赤緑」少数連合政権を容認する態度をとった。SPDの州首相候補、アンドレア・イプシランティは、それに乗じて政権奪還をもくろんだ。しかし、もともと選挙戦中左翼党との協力を一切否定していたため、「赤緑政権」づくりは「公約違反」だとの批判を党内外から浴びた。結局ヘッセン州では翌年一月に再選挙が行われ、その結果、党内の混乱を引きずったSPDは大敗、イプシランティは党州支部長、州議会議員団長を辞任するに至った。

「選挙の後も社会的に」と訴える2009年総選挙での左翼党のポスター

　ザールラント州では、左翼党が目覚ましい進出を果たしたことで、過半数を失ったCDUを下野させ、SPD・緑の党と「赤赤緑」連合政権を樹立することが可能となった。ところがここでは緑が、CDU・FDPとの「ジャマイカ連合」[1]を選択した。その背景には、緑の党の州支部長が、FDP地方政治家が所有する企業でマーケティング・リーダーを務めていたことや、同企業が左翼党を除く四党に政治献金を行っていたことが指摘されている。

またテューリンゲン州では、二〇〇九年八月の州議会選挙で、ボド・ラーメロウを州首相候補とする左翼党が過去最高の得票率を得、計算上は「赤赤」ないし「赤赤緑」の連合政権を樹立することが可能な情勢となった。ラーメロウは、左翼党・SPD・緑の党が対等な立場で人事提案をできるよう、自らの州首相就任を断念する用意も示したが、第三党のSPD州執行部は結局、単独過半数を失ったCDUのジュニア・パートナーとして政権入りすることを選択、党内に亀裂をもたらした。

他方ブランデンブルク州では、連邦議会選挙と同じ日に行われた州議会選挙で、左翼党は過去二番目の得票率を獲得した。マティアス・プラツェック州首相（SPD）は、CDUとの連合政権継続が可能だった状況にもかかわらず、あえて左翼党との「赤赤連合」を選択した。左翼党は、州議会選挙筆頭候補者のケルスティン・カイザーら、州指導部に元DDR国家保安省（シュタージ）の非公式協力者を抱えていたため、「赤赤」の決断は批判を受けた。しかし、DDR時代環境保護運動に取り組み、一九九〇年二～四月にハンス・モドロウ内閣の無任所相を務めたプラツェックは、東独市民の人心融和を優先、左翼党もカイザーの州大臣就任を断念して、二〇〇九年一一月、第三次プラツェック「赤赤」州政権が発足した。

国政レベルの政策にも、左翼党の存在は一定の影響を及ぼした。たとえば、彼らがPDS時代から主張していた最低賃金制度は、二〇〇五～〇九年の大連合政権下で、まず郵便事業に適用され、そのための法律が、二〇〇七年一二月、連邦議会（一四日）、連邦参議院（二〇日）を通過した。これにより、最低時給額が、郵便配達員の場合西独九・八ユーロ、東独九ユーロ、他部門の従業員の場合西独八・四ユーロ、東独八ユーロと定められ、二〇一〇年からは、東独でも西独並みの最低賃金額に引き上げられることになった。二〇一二年九月二一日には連邦参議院で、テューリンゲン州のクリスティーネ・リーバークネヒト州首相（CDU）が、全産業をカバーする法定最低賃金制度を導入するよう求めるまでになった。

外交面でも、左翼党が一貫して主張していたアフガニスタンからの連邦軍撤退は、二〇一二年一月二六日の連邦議会で、曲がりなりにもその開始が議決された。そして、翌月より駐留兵士の数が、それまでの五三五〇人から最大四九〇〇人に削減された。さらに一一月二九日には、二〇一四年初頭までに三三〇〇人へと、約三分の一減員することが閣議決定された。

2 ラフォンテーヌ辞任の衝撃

連邦議会選挙が終わって間もない二〇〇九年一〇月九日、ラフォンテーヌは、ブランデンブルク州ラインスベルクで開かれた非公開会議で突如、党代表の職に専念し、二〇〇五年以来ギジと二人三脚で務めてきた議員団長を辞任する意向を示した。翌月一七日、癌を患っていることを公表した彼は、翌日前立腺癌の手術を受けた。

左翼党の結成・躍進の立役者であるラフォンテーヌの病状は、党内に激震をもたらした。特に「改革派」の代表格であるディートマル・バルチュ幹事長（メクレンブルク＝フォアポンメルン州）は二〇一〇年一月、病気中のラフォンテーヌに対して不誠実な行動をとったと、ギジから強く批判された。バルチュは、自分がラフォンテーヌの後継を目指しているわけではないと弁明したが、PDS時代から務めていた連邦党幹事長に次期党大会では立候補しないと発表、他方で左翼党の政治能力の低下を警告した。

一月二五日の党幹部会に復帰したラフォンテーヌは、次期党大会で党代表に立候補しない意向を表明、二月一日に連邦議員の職も辞した。こうして五月一五〜一六日のロストック党大会で、党共同代表にはゲジーネ・レッチュ（九二・八％）、続いてエルンスト（七四・九％）が選出された。レッチュは一九六一年、東ベルリン＝リヒテンベルク生まれ。二三歳でSEDに入党し、一九八九年同区議会議員として政治的キャリアをスタートさせ、二〇〇二年連邦議会選挙で小選挙区を制し、当選したPDS二議員の一人となった人物である。

副代表には、カティア・キッピング（七三・九％）が再選、他に、草創期PDSで「共産主義プラットフォーム」の顔として一躍その名を轟かせたザーラ・ヴァーゲンクネヒト（ノルトライン＝ヴェスト

ロストック党大会にて。左よりビスキー、エルンスト、レッチュ、ギジ、ラフォンテーヌ

http://www.die-linke.de/partei/organe/parteitage/archiv/2parteitag1tagung/

ファーレン州、七五・三％）、弁護士として左翼党結成を法律面から支えたハリーナ・ヴァウツィニアク（ベルリン特別市、五七・八％）、ザールラント技術・経済大学経営学教授の経歴を持つハインツ・ビアバウム（ザールラント州、七五・九％）同州議会議員が選ばれた。

ビスキーとラフォンテーヌという重鎮が党代表から去り、指導部が一気に若返って以降、左翼党は党勢が頭打ちとなり、不祥事や内紛が目立つようになった。[2]

まず、エルンスト共同代表の贅沢な暮らしぶりが批判の的になった。七月末、大衆紙『ビルト』が報じたところによると、エルンストは、連邦議会議員としての歳費月額七六六八ユーロ、非課税の手当約四〇〇〇ユーロに加え、レッチュが辞退した党からの収入三五〇〇ユーロ、さらに議員団から一九一三ユーロと、月に約一万七〇〇〇ユーロを受け取っていた。[3] 高級スポーツカー「ポルシェ」に乗り、ティロル地方の牧場を賃借りするという、富裕層さながらの暮らしで、下部党員の顰蹙を買ったにもかかわらず、「IGメタルの役員も兼ねていた時期の方が高収入だった」とか「貧困と闘うのに、自分が貧困である必要はない」といったエルンストの対応ぶりは、もともと反共主義が色濃い『ビルト』紙のみならずマスメディアの好餌となった。

次に問題とされたのは、もう一人の共同代表レッチュの「共産主義」発言である。彼女は二〇一一年一月三日付の『ユンゲ・ヴェルト』紙上に「共産主義への道」と題した論文を発表、「共産主義への道は、自分たちが出発し、野党にあろうが政権にあろうが試してみてのみ、見出すことができる。いずれにしても、目標に導くのは、単一の道ではなく実に多くのさまざまな道だ」と述べた。

レッチュ論文は、党内多元主義の確認という本来の趣旨よりも、共産主義を左翼党の究極的な目標と位置付けているかのような印象を強く与えた。それは、DDRにおける独裁の過去を深刻に反省し、共産主義ではなく民主的社会主義を奉じる党内改革派から見れば、時代錯誤的な見地の表明であった。しかもこの論文は、五日後元「ドイツ赤軍派」テロリストなども発言するセクト的な会議に向けた講演原稿だったため、党の基本的な民主主義認識すら疑問視されることになった。

春から夏にかけては、イスラエルを側面から支えるアラブ強権国家体制の崩壊に関連して、ブレーメンやデュースブルクの左翼党員がイスラエル商品のボイコットを呼びかけたり、党内の「社会主義左翼」に影響力を持つネットワーク「マルクス21」がパレスティナ問題の一カ国解決方式を提起したりしたため、左翼党内外から「反ユダヤ主義」バッシングが起こった。ドイツでは、ホロコーストの過去ゆえに、イスラエル国家への批判を「反ユダヤ主義」として封殺する傾向が強い。左翼党連邦議会議員団は六月七日、「パレスティナとイスラエルの一カ国解決方式を求める中東紛争へのイニシアティヴもとらなければ、イスラエル産品のボイコットや〈ガザ船団〉の今年の航行に関与もしない」という声明を発表し、バッシングの鎮静化を図った。しかし逆にそれは、平和運動関係者から「イスラエル批判は反ユダヤ主義ではない」という反発も招いた。[4]

二〇一一年八月一三日は、「ベルリンの壁」建設五〇周年であった。既に六月半ば、左翼党歴史委員会は、「壁」が「社会主義の弱さを象徴」し、これを「反ファシズム防御壁」と正当化したのは「DDRの最も重要な民主的正統財の悪用」だったと認める声明を発表していた。[5] ところが、レッチュ共同代表は、メクレンブルク＝フォアポンメルン州の州議会選挙戦中、八月一〇日付の『ザールブリュッケン新聞』に、「壁」建設がヒトラーによるソ連侵攻の帰結だと発言し、あたかも「壁」の責任を転嫁したかのような批判に晒された。しかも、よりによって八月一三日、ロストックで聞かれた同州党大会では、「壁」犠牲者を追悼する起立・黙祷を公然と拒否する代議員も出現した。

そもそも左翼党にとって、「ベルリンの壁」などの歴史的テーマは、ほとんど何の得点ももたらさない不利な材料である。両共同代表は八月一二日、「いかなる理想、いかなる高邁な目的も、壁と結びついた不法、移動の自由の体系的な制限、自由およびそれでも国を去ろうとした際の身体・生命にとっての危険を政治的に正当化できない」という二〇〇一年のPDS幹部会の見解を再確認したが[6]、歴史の清算を拒む勢力の存在が顕在化するのを防ぐことはできなかった。

「壁」建設の周年記念と同じ八月一三日、キューバのフィデル・カストロ元議長が八五歳の誕生日を迎えた。エルンストとレッチュ両共同代表は、この「同志」に祝辞を送り、「キューバ革命の先頭で成功に満ちた活動」と「闘争に満ちた人生」を祝し、「比類なき社会的成果」を達成した社会主義キューバが「この世界の多くの諸民族にとっての範例であり道しるべ」だと称賛した。しかし、「キューバ人民との確固たる友好と連帯」を約束する一方、言論・結社・集会の自由の制限など、キューバにおける人権侵害状況に言及しなかったことは、左翼党と「独裁」の親和性を示したものと非難されたのである。

これら一連の不首尾の原因を、共同代表のリーダーシップ欠如のみに求めることはできない。既に二〇一〇年七月二〇日ＦＡＺ紙の世論調査は、左翼党に対する風向きの変化を示している。そこでは、左翼党が「際立って有能な政治家を抱えている」という意見は一六％（二〇〇八年九月）から一二％、「社会的公正に尽力している」は四二％から三七％、「庶民のために尽くしている」は四三％から三五％へと後退している。

それどころか、左翼党を「普通の民主主義政党」と見なす意見自体、三七％（二〇〇五年八月）から二五％に低下している。もともと左翼党への支持が堅固な東ドイツでも、その割合は四六％と、かつてない低水準にとどまっている。総じてＳＥＤの負の遺産はなお重く、「左翼党はＳＥＤ後継政党であり続けるので、過去を清算しない限り、他党は左翼党と協力すべきでない」という立場は相対的多数を占め（四三％）、協力を容認する三四％

図6-1　左翼党政治家の知名度（2010年7月）

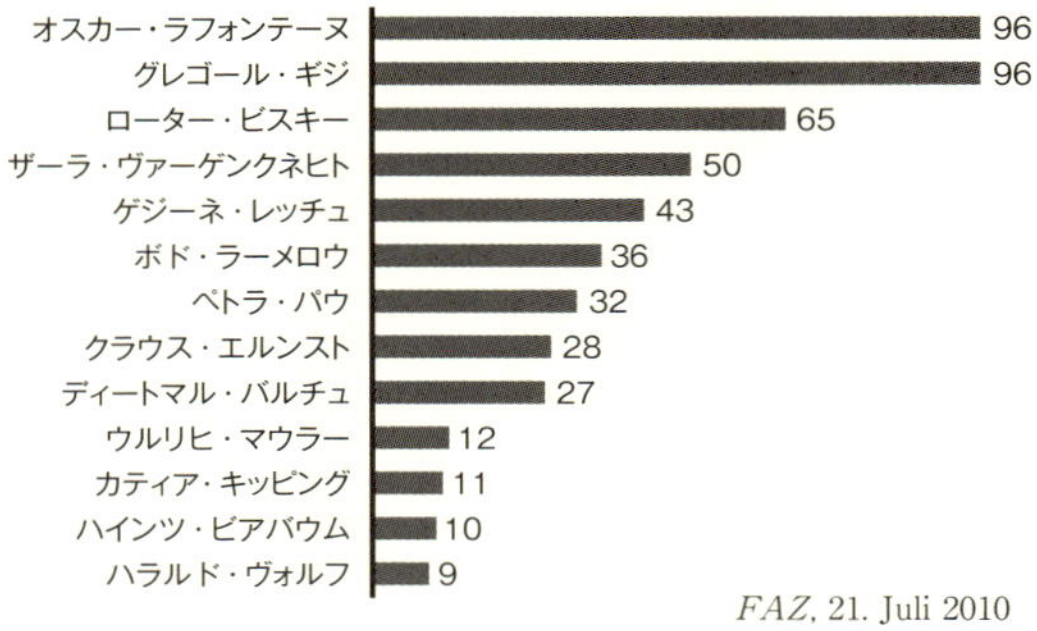

FAZ, 21. Juli 2010

図6-2　左翼党党員数の推移

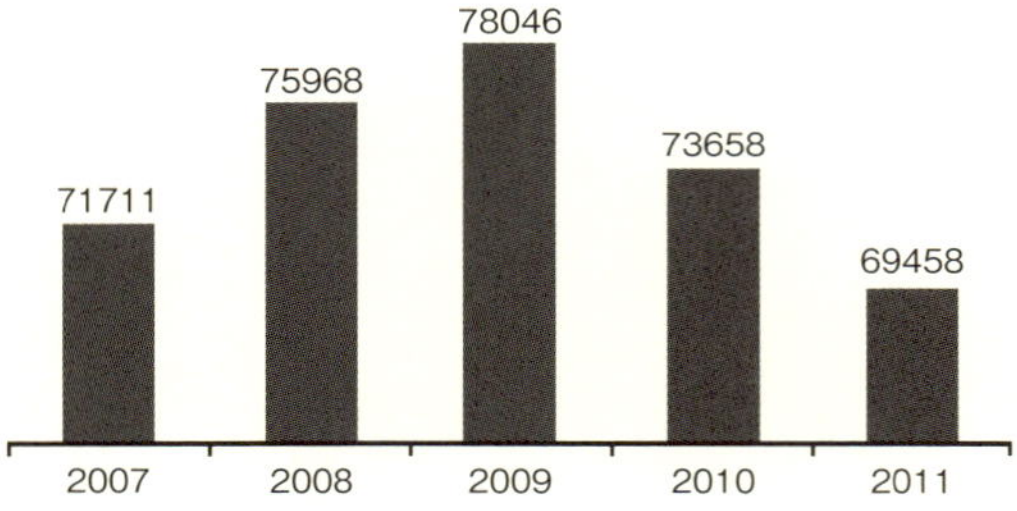

http://www.die-linke.de/partei/fakten/mitgliederzahlen/mitgliederzahlen20072010/

を著しく引き離している。連邦レベルの「赤赤緑」連合は、SPD支持層の三二%、緑の党支持層の四七%で肯定されているが(逆に「赤赤緑」を拒否するのはそれぞれ四〇%、一四%)、肝心の左翼党支持層が左翼党に投票する用意が下がっているのである。

もちろん、両共同代表が、知名度・カリスマ性の点で前任者よりかなり見劣りしたことは否定しようがない。左翼党政治家の知名度では、依然としてラフォンテーヌとギジが断然群を抜き、後継共同代表は非常に影が薄い(図6-1)。このように左翼党は、発足三年を経て早くもプロフィールが色あせ、重大な岐路に立たされようとしていた。それを裏付けるように、党員数も頭打ちから減少の傾向を示した(図6-2)。

3 党綱領の策定

左翼党は結党時、正規の党綱領ではなく、「綱領的基本方針(Programmatische Eckpunkte)」のみを有していた。[7] これは、資本主義(とりわけ大量失業や経済的・文化的分裂、自然破壊、気候変動をもたらす「歯止めなき資本主義」)を克服し、民主主義を刷新して、「民主的社会主義の理念」を実現することを目標としつつも、歴史の教訓から「あらゆる形態の独裁を拒否し、スターリン主義を社会主義の犯罪的悪用として断罪する」としている。

具体的には、雇用政策では完全雇用、賃下げなき労働時間の短縮、法定最低賃金、税金政策では富裕税の再導入、最高税率の五〇％以上への引き上げを要求、その他原子力エネルギーからの脱却、大学の無償化、社会的基本保障、全住民への法定疾病保険、連邦軍の国外派兵反対などを主張している。

正規の党綱領は、レッチュとエルンスト両共同代表の下、二〇一一年一〇月二一～二三日のエアフルト党大会で採択されることとなった。綱領策定に向けておよそ一年間、ギジやラフォンテーヌに匹敵する中心的人物を欠いたまま、ベーシックインカム・政権参加・所有権の問題などをめぐりさまざまな議論が錯綜した。[8] 党綱領は一〇月二三日、賛成五〇三、反対四、保留一二（賛同率九六・九％）で採択され、さらに一一月一七日～一二月一五日の党員投票で九五・八一％の賛成で承認された。[9]

綱領前文で左翼党は、政策目標として、

・生産・分配の市場メカニズムを、民主的・社会的・エコロジー的な枠組み設定と統制の下位に置く民主的経済秩序
・持続可能・省資源・環境保全の経済と生活とを目指した社会的・エコロジー的改造
・働きがいがあり、生存を保障する労働の権利
・非排他的な社会
・男女間での全労働の公正な配分
・社会的安全の中での生活
・すべての人のための、貧困に耐える連帯的な法的年金
・医療・介護の連帯的な市民保険

・託児所から職業訓練・大学を経て生涯学習に至るまでの、良質で無料、かつ誰にでも開かれた教育
・公正な税制
・民主主義と法治国家性の貫徹
・あらゆる形態の差別の克服
・民主的・社会的・エコロジー的な平和連合としてのEUの再出発
・帝国主義と戦争への反対。平和と軍縮
・すべての人の生活条件を改善する国際的な連帯・協力

を掲げている。

本文は、「Ⅰ　我々はどこから来たか、我々は何者か」、「Ⅱ　資本主義の危機―文明の危機」、「Ⅲ　二一世紀の民主的社会主義」、「Ⅳ　左翼の改革プロジェクト―社会改造の諸段階」、「Ⅴ　政治転換とよりよい社会のための共同」の五章立てになっている。その具体的政策をごくかいつまんで言えば、

・体制転換：民主的社会主義の追求。「資本主義は歴史の終わりではない。」
・国有化：銀行、エネルギー供給会社その他「構造規定的部門」の社会的所有への移行。
・再分配：遺産・資本収益・コンツェルン利潤への増税。富豪は年間、資産の五％を支払うべきである。
・労働：週労働時間の当面は平均三五時間、長期的には三〇時間への短縮。最低賃金の法的な固定。

・政権参加：連邦軍の出撃を容認し、軍備増強を駆り立て、生活基盤事業の私有化あるいは社会保障の解体を推し進め、また公共サービスの任務遂行を悪化させる政権への不参加。
・防衛：NATOは解散し、「ロシアも参加する集団的安全保障システム」に置き換えられるべきである。連邦軍は国外派兵を終えるべきである。ただし、人道的出動への扉はなお開かれている。ラフォンテーヌ前共同代表は、災害救助のための「ヴィリー・ブラント部隊」を提案した。
・軍備：武器輸出は禁止すべきである。
・エネルギー：すべての原発は即時停止すべきである。
・交通：アウトバーンと道路網の拡張はストップし、ドライバーには時速一二〇キロの上限を設けるべきである。国内の航空路線は広範に、欧州の航空路線も大部分鉄道に置き換える。

と要約できよう。

左翼党は、「いかなる子どもも貧困の中で成長する必要はなく、すべての人が平和・尊厳・社会的安全のうちに自立的に生き、社会関係を民主的に形成できる社会」という目標を達成するために、別の経済・社会体制、つまり「民主的社会主義」を追求するとしている。冷戦終結後世界を覆った新自由主義の強欲資本主義に対して「他に選択肢はない」と諦めるのではなく、あくまで人間の人間たる所以とは何かという根本的な問いかけから出発しているのである。

左翼党綱領の政策的キーワードは、「社会的公正」に集約できる。「公正」は「平等」と似て非なる概念である。「平等」とは、文字どおり、全員に同じものを与えることを意味する。ただし、社会においてそれがきちんと機能するのは、全員のスタート地点が同じ場合に限られる。これに対して「公正」は、人々が同じ機会にアクセスできるのを確保することである。一人一人の差異や来歴は、何らかの機会に参加することへの障壁となることがある。したがって、まず「公正」が担保されて、初めて「平等」が達成できるということになる。

他方で左翼党は、「透明性、社会的対話、直接的な市民参加という新しい政治スタイル」を掲げ、「多元主義と透明性」を党の柱とすると謳っている。党内多元主義の保障はまさに、かつての一枚岩的な党のあり方への反省に基づくものであるが、それはまた、党内論争が続く原因にもなっている。

ＰＤＳ時代以来、左翼党は多様な党内潮流（Strömungen）を抱えている。大まかに言って、東ドイツでは「民主社会主義フォーラム」（ｆｄｓ）、西ドイツでは「社会主義左翼」（ＳＬ）が有力である。前者は、東独における他党とのさまざまな協力実践に立脚して、政府参加を通じて社会を変革することに積極的な改革派である。[10]後者は、左派ケインズ主義・ネオマルクス主義の立場に立つ労働組合出身者が主で、ラフォンテーヌとの関係が深い。[11]

左翼党は他にも、反資本主義・反ミリタリズムが鮮明で、他党との政治的妥協を強く警戒する党内左派の「反資本主義左翼」（ＡＫＬ）[12]や、自由と社会主義の統合を強く志向して、他の潮流との二重在籍に寛容で、ベーシックインカム問題に積極的に取り組む「解放左翼（Ema.Li）」[13]などの党内潮流を抱えている。

左翼党にはさらに、党員が自由に形成できる党内連合（Zusammenschlüsse）がさまざまに存在し、党大会に独自の代議員を送る資格を得ている。党内連合には、「農政・農村地帯研究会」、「教育政策連邦研究会」、「都市建設・住居政策連邦研究会」、「平和・国際政治連邦研究会」のように特定の政策分野に取り組んでいるものと、「共産主義プラットフォーム」、「ゲラ社会主義対話」、「民主社会主義フォーラム」のように党内潮流の「槍先」となっているものとがある。加えて、「民主社会主義フォーラム」に立場が近い「改革左翼ネットワーク」のように、「潮流」でも正式な「党内連合」でもないグループもある。

これらの多様な勢力を糾合した左翼党で、そのバランスの取り方はそう簡単ではない。いみじくもギジが述べたように、改革派しかいなければ、左翼党はSPDと酷似してしまうし、逆に原理派だけなら、社会的に孤立してしまう。このジレンマは、「多元主義と透明性」を掲げる党の宿命と言えよう。

党綱領の具体的な文言もまた、当然ながら党内力学の妥協的所産であった。その象徴的一文は、「戦争を行い、連邦軍の外国での戦闘出動を容認し、軍備増強と軍国化を駆り立て、生活基盤事業の私有化あるいは社会保障の解体を推し進め、その政策が公共サービスの任務遂行を悪化させる政府には、われわれは参加しないであろう」という政権参加に関する指針である。

党内では、国連決議に基づく人道目的の連邦軍国外派兵を認めるべきかどうかで、意見の対立が続いていた。連邦軍の国外派兵そのものに反対する勢力は、「外国での戦闘出動」ではなく「国外出動」と表記し直して、派兵拡大の抜け道を防ぐべきだと主張していた。党大会では、ラフォンテーヌが上記の文言に「抜け道」はないと請け合って、論争に終止符を打った。彼は、国際的な災害救助のための、医師・技術者・科学者らによる文民救援隊としての「ヴィリー・ブラント部隊」の設立を提案、「兵力投入に対する平和的オルターナティヴ」を具体的に提示した。

ちなみに政権参加問題についてラフォンテーヌは、それ自体を云々するのは「無意味」で、党が成功を収めるかどうかで決定的なのは、党が代弁することがらに確信しているかだとし、「我々は今日圧倒的多数で決議した綱領に確信を持たなければならない」と釘をさしている。その綱領では、「左翼の政治は、常に、そしてまた政権にあっても、資本の利害の構造的権力と議会の論理に屈しないため、労働組合や他の社会運動、議会外の圧力の動員を拠り所にすることが可能でなければならない」と、党が運動から遊離しないよう戒めている。

なお、連邦議会では一〇月二七日、連邦与党の要請により、「左翼党基本綱領における民主的社会主義と社会的市場経済」という緊急討論の時間が設けられた。左翼党のペトラ・パウ副議長が議事進行を進める中、与党側は「世界で最も成功した体制」を擁護して、左翼党が提起する別の経済・社会秩序への志向を「信じられない」「冒険的」と難じた。またSPD、緑の党もそれぞれの立場から左翼党の綱領を批判、左翼党からはシュテファン・リービッヒ議員が、「自由・尊厳・連帯が我々の綱領で、我々はそれを誇りにしている」と応じた。緊急討論を要望した与党側の反共主義的な意図はともかく、ある政党の綱領をめぐって国会全体で議論すること自体は、政治文化の成熟にとって有意義と評価できよう。

他方左翼党自身は、党綱領前文をやさしいことばで綴ったバージョンを発行し、特に中心的概念である「民主的社会主義」とは何を意味するか、イラスト入りでわかりやすく解説している。[14] また、目の不自由な人のために、オーディオ版の綱領も提供されている。さらには、英語版・スペイン語版の党綱領も、ホームページからダウンロードできる。また、選挙に際しては、連邦議会選挙だけでなく、州議会選挙、欧州議会選挙でも、平明な様式の選挙綱領が作成されている。平易な文体の党綱領前文や選挙綱領を用意しているのは、もちろん相手の無知につけ込んで偏見や憎悪を植えつけるための「わかりやすさ」ではなく、本質的な問題の所在を提示し、それを解決する方途が存在することをとりわけ若い有権者に理解してもらうための一つの工夫と言うことができる。

4　党分裂の危機？

二〇一一年、福島第一原発の事故から約二週間後に行われたバーデン＝ヴュルテンベルク州およびラインラント＝プファルツ州の州議会選挙で、左翼党は議席獲得に遠く及ばなかった。左翼党は元来「脱原発」志向で、実は「フクシマ」の直後、他党に先駆けて、基本法に核エネルギーの利用禁止を盛り込む提案を行っていた。

原発をめぐるドイツでの憲法議論は、二〇〇〇年六月一五日、シュレーダー率いる「赤緑連合政権」が、原発の平均寿命を三二年とし、国内の原発を順次廃棄することで、電力大手四社と合意した時、原子力ロビーの巻き返し工作の結果、メルケル首相の「黒黄連合政権」が二〇一〇年九月二八日、「脱・脱原発」の閣議決定をした時、そして翌年六月六日、二〇二二年に国内の原発を最終的に閉鎖する原子力法改正案を閣議決定した時に活発に行われた。既に核エネルギー反対派は、人間の尊厳を謳った第一条や、自然的な生活基盤の保護を謳った第二〇a条などの憲法条項を論拠にしていた。また基本法改正には、連邦議会と連邦参議院でそれぞれ三分の二の多数が必要とされた。

したがって左翼党の提案は、「脱・脱原発」が再び繰り返されるのを封じようとする意図はともかく、政策としての現実味に乏しかった。州議会選挙でも、「再生可能エネルギーに基づくエネルギー転換」、「すべての原子力発電所の即時停止」という主張を改めて訴えたが、それはまったく追い風とはならなかった。

党指導部は、選挙敗北の原因をもっぱら、「フクシマ」のおかげで左翼党本来の論点が霞んでしまったことに求めた。このため党内からは、両共同代表の自己批判が欠如しているという不満が高まった。翌月にはギジが、ラフォンテーヌの中央政界復帰の可能性に言及、また党の郡支部長約五〇人がレッチュとエルンストに対する抗議文を送りつけた。逆にレッチュは二〇一一年四月一九日付の『ノイエス・ドイチュラント』紙で、辞任や臨時党大会の要求を拒否、「多くの党員は、一つの政党を壊すのがどんなに速くでき、それを再建するのがどんなに難しいかを自覚していない」と、左翼党の自己破壊に警鐘を鳴らした。

レッチュは党綱領採択直後、次期党大会で再度党首に立候補し、指導部の人事をめぐる「いたちごっこ」を終わらせたいと表明した。一一月には、連邦議会副議員団長のバルチュも同じ意向を伝え、将来党首は党員投票で選出すべきという提案も行った。他方、ラディカル派のヴァーゲンクネヒト副党首は、ラフォンテーヌが中央政界にカムバックする可能性を語った。実は二人の親密な関係は年来取りざたされていたが、ラフォンテーヌは一一月一二日のザールラント州党大会で、二六歳年下のヴァーゲンクネヒトを新しい人生のパートナーとして公表した。ドイツの政界では、個人的な恋愛・結婚事情はほとんど問題にされないが、その直前彼女が左翼党連邦議会議員団の副議員団長に選ばれたのは、やはりラフォンテーヌの存在が影響していたように思われる。

二〇一二年に入り、三月のザールラント州議会選挙で、左翼党は一六・一％を獲得した。前年の連敗状況に比べればまずまずの成績と言えるが、ラフォンテーヌ州議会議員団長の威光にもかかわらず、前回より五ポイント以上得票率を下げた事実は動かしがたい。

党指導部は、五月のノルトライン＝ヴェストファーレン州議

ザーラとオスカー

http://www.berliner-kurier.de/politik---wirtschaft/noch-ehemann-veroeffentlicht-intime-details-schlammschlacht-um-die-schoene-sahra,7169228,11168568.html

ディートマル・バルチュ

http://www.linksfraktion.de/abgeordnete/dietmar-bartsch/profil/

会選挙の後に、党の人事問題に決着をつけるつもりでいた。ところが四月一〇日、レッチュが病気の夫の介護を理由に、党首への立候補を取り下げた。党勢の不振から、エルンストの評判も芳しくなかったため、次期党大会では党代表がそっくり交代することが確実となった。

そこで五月一五日、ラフォンテーヌが、党代表に再び就く意思を公式に示した。彼の強力なリーダーシップに期待を寄せて以前からくすぶっていた復帰待望論に応えたわけである。ただし、彼がSPDからWASGに移り、ビスキー、ギジらと左翼党を立ち上げ躍進させた時期との客観的な政治条件の違いをどれだけ踏まえた上での決断であったのかについては、いささか疑問が残る。ともあれラフォンテーヌは、代表復帰に臨んで、バルチュの立候補断念を事実上要求した。しかし、バルチュがこれを譲らなかったため、一週間後自らが出馬を取りやめることになった。

かくして、改革志向で政権参加に前向きな「バルチスト」と、左翼党が「第二SPD」となることを嫌うラディカルな「ラフォンテニスト」との溝がいよいよ深まる中、党大会までの間、共同代表の組み合わせについて、さまざまな提案や憶測が飛び交った。キッピング副党首は、カタリーナ・シュヴァーベディッセン・ノルトライン＝ヴェストファーレン州党支部長とともに、三〇代の若い女性コンビがトップの座に就いて、「党の新たな指導文化」を打ち立てたいという意欲を示した。

一般的には、全国的に知名度が高いバルチュとヴァーゲンクネヒトの共同代表就任がかなり有力視されていた。しかしヴァーゲンクネヒトは、「党の分極化を避ける」という理由で、党代表に立候補しなかった。結局党大会までに、バルチュを含め、十指を越える数の党首候補が名乗りを上げ、人材豊富というよりも、左翼党の迷走ぶりが改めて天下に示された。

新しい党代表を選ぶ党大会は、六月二～三日、ゲッティンゲンで開催された。その間シュレースヴィヒ＝ホルシュタイン州議会選挙、ノルトライン＝ヴェストファーレン州議会選挙で立て続けに議席を失った左翼党は、結党五年にして党の存亡さえ取りざたされる状況にあった。[15]

党大会の演説でギジは、きわめて深刻な表情で、「再統一の際の西の傲慢を思い起こさせる旧連邦州出身党員」を批判、「連邦議会議員団を支配する憎悪」や「病理的状態」を指摘し、もしそれが変わらねば「フェアに別れた方がいい」とまで言い切った。[16] ギジの矛先が、断固野党路線を進み、ブランデンブルク州政権への参加を難じる西のラディカル派に向けられていたことは明白である。

これに対し、その中心にいるラフォンテーヌは、「分裂という言葉を口にする理由は何もない」と応じ、七五％の最高税率、アフガニスタンからの撤兵、欧州共通債など、左翼党が提起した先進的政策の成果を強調した。[17]

左翼党の共同代表は、男女・東西の対等性を考慮して選ばれる。党大会では、まず女性のみを候補者とする第一回投票が行われ、キッピングが六七・一％を獲得し、教員組合出身のドーラ・ハイエン・ハンブルク市議会議員団長（二九・三％）を抑えて、党代表に選出された。キッピングは「解放左翼」に属し、ベーシックインカムの導入を唱えている。党内両陣営のいずれにも与しないいわば中間派と言えるが、党内左派は、キッピングを支持することで、彼女と同じ東独出身のバルチュがもう一人の党首になるのを阻止しようとした。

続いて男女混合の第二回投票が行われ、五人が立候補、ベルント・リークシンガー・バーデン＝ヴュルテンベルク州支部長が五三・五％を得、バルチュ（四五・二三％）に競り勝った。リークシンガーは統一サービス産業労組（ver.di）の出身で、「ラフォンテニスト」期待の星であった。この投票結果が公表されると、党内急進派は「インターナショナル」を歌いながら欣喜雀躍するありさまで、前日ギジが警告した「憎悪」「病理的状態」の深刻さを改めて見せつけた。

次に副党首には、まず女性に割り振られた二ポストについて、最初に過半数の支持を受けた「反資本主義左翼」のヴァーゲンクネヒトが、続いて決選投票で「解放左翼」・「民主社会主義フォーラム」のカレン・ライ（ザクセン州）が選ばれた。さらに男女混合の二ポストについては、グリーンピース活動家のヤン・ファン・アーケン（ハンブルク特別市）と、最後の決戦投票で、ＷＡＳＧ出身で「オルターナティヴ経済政策活動グループ」事務局長、連邦議会議員団財政政策スポークスパーソンのアクセル・トロースト（ザクセン州）が選出された。

新執行部選出後も暫くの間、左翼党は各種世論調査で、支持率六〜七％程度と、なかなか低迷状態を脱しなかった。ドイツ政界に新風を吹き込むことを期待した有権者に、党内の人事抗争がもたらした幻滅は、やはり大きかった。新しいリーダーは、若く知名度も低かったが、逆にそれをバネに党内融和に努めた。

1 ジャマイカの国旗が黒・黄・緑から成っていることから、CDU・FDP・緑の党の連合政権についたあだ名。

2 岩佐卓也「逆風のなかのドイツ左翼党」『科学的社会主義』一六五号（二〇一二年一月）参照。

3 http://www.bild.de/politik/2010/politik/der-umstrittene-lifestyle-des-linken-chefs-13466302.bild.html

4 http://www.ag-friedensforschung.de/themen/Rassismus/linke-stru.html

5 http://www.die-linke.de/index.php?id=8066

6 http://www.die-linke.de/nc/dielinke/nachrichten/detail/artikel/demokratischer-sozialismus-braucht-mehrheiten-keine-mauern/

7 http://www.raju-sharma.de/fileadmin/lcmssharma/Schleswig_Holstein/Programmatische_Eckpunkte.pdf

8 岩佐卓也「ドイツ左翼党における綱領論争―ベーシックインカム・政権参加・所有権」『科学的社会主義』一五七号（二〇一一年五月）参照。

9 http://www.die-linke.de/partei/dokumente/programmderparteidielinke/

10 http://www.forum-ds.de/

11 http://www.sozialistische-linke.de/

12 http://www.antikapitalistische-linke.de/

13 http://emanzipatorischelinke.wordpress.com/

14 http://www.die-linke.de/fileadmin/download/dokumente/ls_linke_praeambel_mit_bildern.pdf

15 岩佐卓也「ドイツ左翼党―再生への模索」『科学的社会主義』一七二号（二〇一二年八月）参照。

16 http://www.die-linke.de/index.php?id=9950

17 http://www.die-linke.de/index.php?id=9951

第7章　新たな飛躍へ

二〇〇九年の連邦議会選挙で一一・九％を得票して以降、左翼党への支持率はジリジリ下がり、ゲッティンゲン党大会の頃には、もし選挙があれば、連邦議会での会派維持が危ぶまれる五％を打ち出す世論調査もあった。内紛・抗争が繰り返される政党に市民の支持が集まらないのは、当然である。そのような中で、左翼党は反転攻勢の機会を窺い、再びドイツ政治へのインパクトを発揮していった。

1　左翼党と連邦大統領選挙

ヴァイマル共和国時代、ドイツの大統領は直接選挙によって選ばれ、任期七年の国家元首として、首相の任免権、国会解散権、憲法停止の非常大権、国防軍の統帥権など、強大な権限が与えられていた。共和国末期は、法案を大統領令で通過させる「大統領内閣」が続出し、ナチスも大統領非常大権を通じて、市民的自由の制限、さらには基本権の停止を強行し、民主主義を破壊していった。

その反省を踏まえ、連邦共和国大統領の権限は、国家元首とはいえ儀礼的・名目的な国家行為に限られている。基本法第五九条・第六〇条に規定されているように、連邦大統領は、なによりもまずドイツ連邦共和国を国際法上代表し、ドイツの大使を任命し、外国大使の信任状を接受する。大統領はそのほかに、連邦大臣、裁判官、上級公務員を任免し、恩赦を行うことができる。法律は連邦大統領の署名により発効するが、大統領は議会の法決議に拒否権を持っているわけではない。連邦議会の早期解散も、自らが主導して行うわけではない。

連邦大統領の任期は五年で、再選は一度だけに限られる。連邦大統領は連邦集会によって選出される。連邦集会は、連邦議会議員および一六の州議会からそれぞれ選出される同数の代議員によって構成される。党派を超えて政治的・道徳的にドイツを代表する人物を選ぶ場であるだけに、代議員は、自らを推薦した政党の意向に沿って投票するわけではない。しかし連邦集会は他方で、その後の政党間協力や連合政権の組み合わせなど、政局的な思惑も交錯する場でもある。

「ドイツ統一」時の連邦大統領は、一九八五年五月八日の敗戦四〇周年記念演説で世界的に名高いリヒャルト・フォン・ヴァイツゼッカーであった。その後任の第七代連邦大統領には、一九九四年五月二三日の第一〇回連邦集会で、連邦憲法裁判所長官のローマン・ヘルツォーク（ＣＤＵ）が選ばれた。その際、結党後わずか四年で、ＤＤＲ時代の負の遺産の処理に追われていたＰＤＳは、特定の候補を推薦する状況になかった。

五年後の第一一回連邦集会に臨んで、ＰＤＳは、カトリック神学者で作家のウタ・ランケ＝ハイネマンを大統領候補に推薦した。彼女は、第三代連邦大統領、グスタフ・ハイネマン（ＳＰＤ）の長女で、『カトリック教会と性の歴史』（原著一九八八年）は日本語でも紹介されている。当選の見込みが全くないにもかかわらず、ランケ＝ハイネマンが、あえてＰＤＳの支持を受けて連邦大統領に立候補したのは、平和主義者としてドイツのユーゴ空爆参加に対する反対を訴えるためであった。逆にＰＤＳは、この連邦集会を通じて、東独の地域政党ではなく、全独的な「平和の党」としてのイメージをアピールした。第八代連邦大統領に当選したのは、ランケ＝ハイネマン当人の姪、ハイネマン元大統領の孫を妻に持つヨハネス・ラウ元ノルトライン＝ヴェストファーレン州首相（ＳＰＤ）であった。

二〇〇四年五月二三日の連邦集会では、国会議員わずか二名のＰＤＳは、やはり大統領候補を提案する立場になかった。この連邦集会で第九代連邦大統領に選出されたのは、国際通貨基金（ＩＭＦ）専務理事だったホルスト・ケーラー（ＣＤＵ）である。ケーラーが再選された二〇〇九年五月二三日の第一三回連邦集会で、左翼党は、東独出身の俳優、ペーター・ゾダンを推薦した。ゾダンは、特に統一後のテレビ番組「犯行現場」の警部役で人気を博していた。彼は、二〇〇五年の連邦議会選挙で、無党派ながら「左翼党・民主社会主義党」のザクセン州筆頭候補として立候補する意向を示していた。国会議員への立候補は撤回したものの、大統領選挙に名乗りを挙げたのは、ドイツの政治・経済のありよう、とりわけ銀行支配を批判するためで、連邦集会では左翼党代議員の数よりも二票多い九一票（七・一％）を獲得した。

連邦大統領として初めてケーラーが途中辞任したのを受けて、二〇一〇年六月三〇日に開かれた第一四回連邦集会で左翼党が推薦したのは、元テレビ・ジャーナリストのルック・ヨヒムゼンである。ヨヒムゼンは第一テレビ関連の仕事に携わった後、二〇〇二年の連邦議会選挙で、ヘッセン州のPDS筆頭候補として立候補した。二〇〇五年の総選挙ではテューリンゲン州の候補者リストから立候補して国会議員に当選、第二次世界大戦でドイツが敗戦した五月八日をナショナル・デーにする提案を行った。二〇〇九年九月の連邦軍名誉記念碑の落成式では、「今こそ。この戦争から抜け出せ」と記したマフラーをして登場し、その後のレセプションへの参加を国防省から拒まれる一幕もあった。ヨヒムゼンが連邦大統領に立候補したのはやはり平和主義的な動機によるもので、彼女はその後もう一期、連邦議会議員を務めた。

二〇一〇年に五一歳と史上最年少で連邦大統領に当選したクリスティアン・ヴルフ（CDU）も、ニーダーザクセン州首相時代の汚職の疑いをかけられて辞任に追い込まれた。こうして二〇一二年三月一八日に開かれた第一五回連邦集会で、前回擁立したSPD・緑の党に連邦与党のCDU／CSU・FDPも加わった四会派相乗り候補のヨアヒム・ガウクに対立する候補として、左翼党が推薦したのは、フランス人の夫とともにナチ犯罪の記録活動を行っているジャーナリスト、ベアーテ・クラルスフェルトであった。彼女が一躍有名になったのは、二九歳だった一九六八年一一月七日、西ベルリンでのCDU党大会で、元ナチ党員でありながら、最初の大連合政権の首相となった壇上のクルト・ゲオルク・キージンガーの頬を平手打ちした事件である。これは、ナチの父親を子どもの世代が

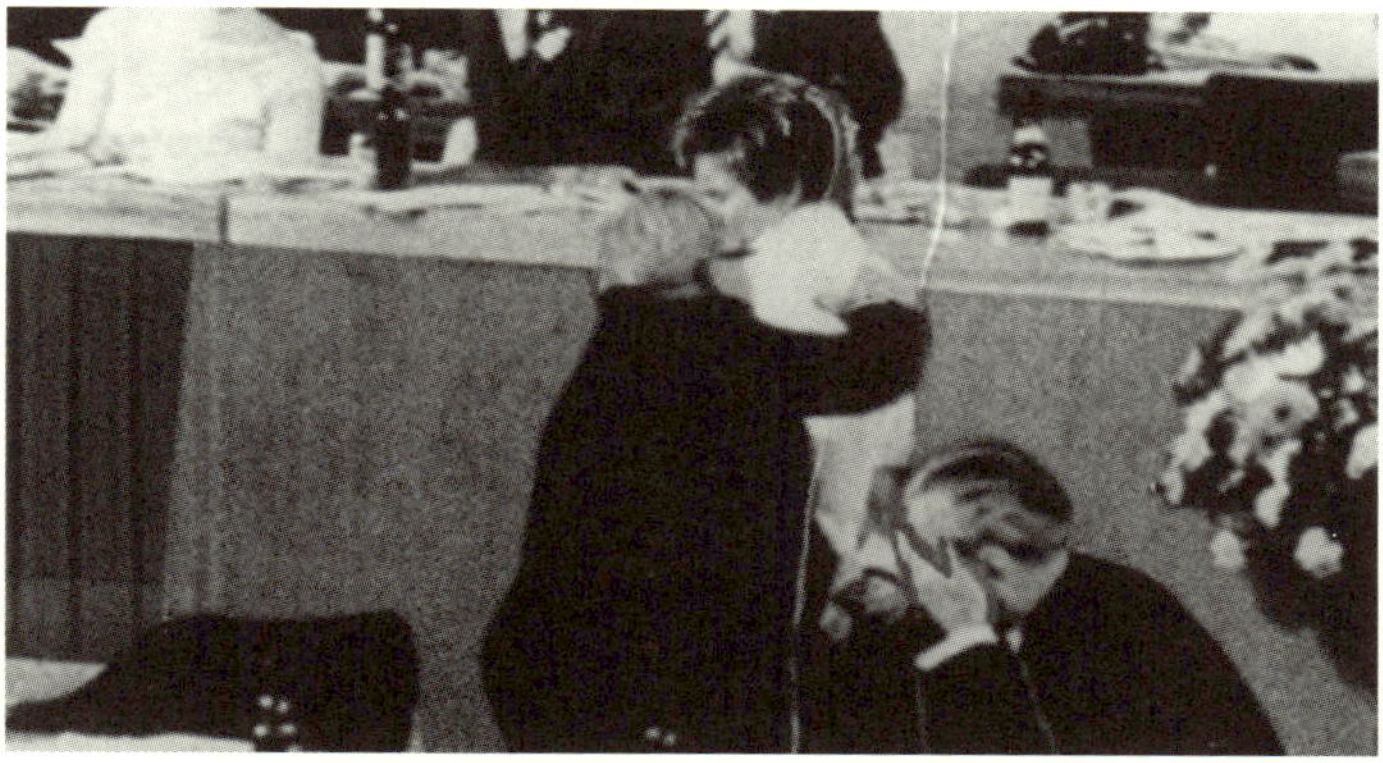

ベアーテ・クラルスフェルトのキージンガー首相平手打ち事件
http://www.parismatch.com/Actu/International/Gifle-Kiesinger-Beate-Klarsfeld-nazi-141751

糾弾する象徴的な行動であった。

「リヨンの屠殺人」クラウス・バルビーや、フランスからのユダヤ人強制移送・殺害の責任者だったクルト・リシュカらを追跡した功績で、フランスやイスラエルで何度も顕彰を受けたクラルスフェルトに対し、左翼党は二〇〇九年、連邦功労勲章を授与するよう提案したが、通らなかった。そこで、彼女を大統領候補に推挙し、結果的にクラルスフェルトは、左翼党の代議員数よりも二票多い一二六票(一〇・二%)を獲得した。

左翼党がガウク候補に反対したのは、彼が明らかな新自由主義者だからである。ガウクは、もともとロストック(メクレンブルク=フォアポンメルン州)の牧師で、DDRの民主化運動出身と紹介される。だが実は、ライプツィヒ・ニコライ教会のフューラー牧師とは対照的に、当初から民主化に携わっていたわけではなく、旧体制時代むしろ特権すら受けていたと指摘されている。「統一」後ガウクは、DDRの秘密警察、国家保安省(シュタージ)の文書を保管する機関〔通称「ガウク官庁」〕のトップを務めた。事あるごとに「自由」の価値を称揚する彼は、反面、西側の政治社会に基本的に無批判と言える。

ガウクはたとえば、「ハルツⅣ」に反対する「月曜デモ」を「愚かで歴史を忘れている」と呼び、「ある種の新しい社会主義」への模索だと警戒心をあらわにした。[1] 世界中に広がったオキュパイ運動についても、二〇一一年一〇月、「筆舌に尽くしがたいほどバカバカしい」と排撃し、資本主義への批判を「ロマンティックな観念」と切って捨てた。[2] ガウクは、逆にNATOの信奉者で、米英のアフガニスタン戦争やイラク戦争に理解を示し、連邦軍のアフガニスタン派兵への支持も表明した。かの『ドイツは自壊する』をめぐっても、二〇一〇年一二月、ザラツィンは「勇気を示した」。彼は、社会にある問題を、政治よりもはっきりと語った」と称え、「彼ら〔政治階級—引用者〕のポリティカル・コレクトネスの言語は、人々の間に、真の問題が隠蔽されるという感情を引き起こしている」と、いわば「本音の政治」を求めた。[3] 見方を変えれば、このような政治姿勢のガウクを、二〇一〇年にまず「赤緑」が大統領候補に担いだのは、当時の「黒黄連合政権」にくさびを打ち込もうとする政治的思惑だけでなく、両党が下野してもなお新自由主義と親和的だったことを示している。

左翼党が推薦した一連の連邦大統領候補を「泡沫候補」と呼ぶことは、いかにもたやすい。しかし、彼・彼女らの主張は、少数派であることを恐れずに、「統一」後のドイツが忘れかけている戦後政治文化の原点を想起させ、規範的な政治意識を可視化することに少なからず貢献したと言える。

2　野党第一党へ

二〇一三年の連邦議会選挙に向け、左翼党は、事実上グレゴール・ギジを先頭に、八人の世代・ジェンダー横断的な「トップチーム」を組み、各人の専門性を活かして、民主主義と市民参加（ギジ）、金融・経済危機からの公正な脱却（ザーラ・ヴァーゲンクネヒト）、国際関係における武力放棄（ヤン・ファン・アーケン）、東ドイツの状況改善（ディートマル・バルチュ）、ディーセント・ワークと公正な賃金（クラウス・エルンスト）、良質で費用のかからない教育（ニコレ・ゴールケ）、子どもや青少年・家族の社会的安全（ディアナ・ゴルツェ）、利害の協同を損なわないエネルギー転換（カレン・ライ）を訴えた。カティア・キッピング、ベルント・リークシンガーの両共同代表は「トップチーム」には加わらず、「魅力的な党文化」の創出に努めた。両者のイニシアティヴは、ユーロ圏からの加盟国離脱を円滑化するラフォンテーヌ元共同代表の提案を退けるなどの場面で発揮された。

前回総選挙同様、左翼党は、「ハルツⅣ」、年金受給開始六七歳、連邦軍の国外派兵に反対する原則を堅持した。具体的公約としては、最高税率の四二%から五三%への引き上げ、年収一〇〇万ユーロ以上の富裕層への七五%課税、「ハルツⅣ」の月額五〇〇ユーロへの引き上げ、全国一律の法定最低賃金時給一〇ユーロ、最低保障年金月額一〇五〇ユーロ、武器輸出の禁止などを掲げた。

選挙期間中の八月一三日、ラフォンテーヌとともに党初代共同代表だったロータ ー・ビスキーが、

表7-1　2013年連邦議会選挙での左翼党の州別選挙結果

選挙区番号	州	得票率(%)	前回との増減(%)
1〜11	シュレースヴィヒ＝ホルシュタイン	5.2	−2.7
12〜17	メクレンブルク＝フォアポンメルン	21.5	−7.5
18〜23	ハンブルク	8.8	−2.4
24〜53	ニーダーザクセン	5.0	−3.5
54〜55	ブレーメン	10.1	−4.2
56〜65	ブランデンブルク	22.4	−6.1
66〜74	ザクセン＝アンハルト	23.9	−8.4
75〜86	ベルリン	18.5	−1.7
87〜150	ノルトライン＝ヴェストファーレン	6.1	−2.3
151〜166	ザクセン	20.0	−4.5
167〜188	ヘッセン	6.0	−2.6
189〜197	テューリンゲン	23.4	−5.4
198〜212	ラインラント＝プファルツ	5.4	−3.9
213〜257	バイエルン	3.8	−2.7
258〜295	バーデン＝ヴュルテンベルク	4.8	−2.3
296〜299	ザールラント	10.0	−11.2

七二歳の誕生日を四日後に控え突然亡くなった。一九九三〜二〇〇〇年と二〇〇三〜〇七年にPDS党首を務め、二〇〇九年以降欧州議会議員、欧州左翼党議長や欧州議会「欧州統一左翼・北欧緑左派」議員団長としても活躍したビスキーは、温厚、実直、思慮深い性格で、権謀術数や権力志向を嫌い、党内はもとより他党でも信頼を集めていた。党の「父親」的存在の急死は、左翼党の選挙活動に一体感を与えた。

九月二二日の投票の結果、左翼党は、三七五・六万票（比例代表制の第二票）を獲得したが、前回二〇〇九年に比べすべての州で得票率を落とし、東独で二一・七％（一五・八％）、西独で五・六％（一二・七％）に終わった（表7-1）。前回は二つの州（ザクセン＝アンハルト、ブランデンブルク）で第一党の座を占めたが、今回はゼロであった。特に落ち込みが激しいのは、ラフォンテーヌの地元、ザールラント州と、東独五州である。

ザールラントでは、かつて州首相として人気抜群だったラフォンテーヌの威信低下が否めない。もっとも彼自身は結局立候補を見送り、パートナーのヴァーゲンクネヒト連邦議会議員団副団長が筆頭候補者のノルトライン＝ヴェストファーレン州での選挙戦に肩入れしていた。他方東独では、単純計算すれば、目減り分がそっくり、右翼ポピュリズムの抗議政党、ＡｆＤに流れたことになる。

小選挙区に目を転じると、前回一六選挙区を制した左翼党は、今回はベルリンの四選挙区を得るにとどまった。ブランデンブルク州第五九選挙区（メルキッシュ＝オーダーラント・バルニムⅡ）のダグマール・エンケルマンは、今回も有力視されていたが、三二・九％（一四・一％）で、ＣＤＵ候補に一・一ポイント差で敗れ、一九九〇年ＤＤＲ人民議会選挙以来続けてきた議員生活に終止符を打つことになった。

それでも左翼党は、東独ではＳＰＤを大きく凌いで第二党の座を維持、西独では二州を除く全州で五％を上回った。連邦議会選挙と同日に実施されたヘッセン州議会選挙で五・二％（一〇・二％）を得、州議会に踏みとどまったことは、低落傾向に歯止めをかけ、反転攻勢に転じるきっかけになった。

選挙研究グループの調査によると、今回の連邦議会選挙で左翼党に投票したのは、年齢層では四五～五九歳、性別では男性がやや多い程度で、偏りはほとんどない。他方、居住地では大都市、教育程度では比較的高学歴、就労状態では失業者・年金生活者で支持が多かった。未来を担う若者の間で支

2014年5月の党大会で選出された党幹部会

http://www.die-linke.de/partei/organe/parteivorstand/parteivorstand-2014-2016/

持を広げるという意味では、ヘッセン州議会選挙で、一八～二九歳の層で多くの支持を集め、今後の展望に明るい材料を与えた。[4]

とにもかくにも左翼党は、ＣＤＵ／ＣＳＵ、ＳＰＤに次いで、連邦議会で初めての第三党となった。新しい国会議員団は、女性三六名、男性二八名という構成になった。一〇月九日、ブランデンブルク州ベルステラントで開かれた連邦議会議員団の非公開会合で、ギジが、八〇・六％（賛成五〇、反対四、保留八）で議員団長に三選された。一二月一五日、ＣＤＵ／ＣＳＵとＳＰＤの大連合政権が発足したため、ギジは、議席の七九・九％も占める巨大与党に対峙する野党全体のリーダーにもなり、左翼党が普通の民主主義政党としてより広範に認知されるチャンスもさらに広がった。

なお、連邦議会選挙後の一〇月九日、連邦憲法裁判所は、憲法擁護庁がボド・ラーメロウ・テューリンゲン州議会左翼党議員団長に対し、実に一九八六年以来続けていた監視活動を違憲と断罪した。二〇一〇年七月二一日の連邦行政裁判所判決を覆す今回の判断は、「右に甘く、左に厳しい」公安当局の態度に変更を迫るだけでなく、保守勢力が左翼党を「極左」「過激派」と中傷する口実を奪うものとなった。

実は、憲法擁護庁が以前からPDS内の「極左潮流」の監視を続けていること自体は、周知の事実であった。ところが、二〇一二年初頭に露見したのは、ギジ議員団長、レッチュ党首、ヴァーゲンクネヒト副議員団長ら、当時の左翼党連邦議会議員七六人のうち、三分の一を越える二七人が、年間四〇万ユーロもの巨費をかけて見張られていたというおぞましい実態であった。監視対象には、党内では「改革左翼ネットワーク」に属するペトラ・パウ連邦議会副議長も含まれており、公安当局の姿勢は、議会に敵対的ですらあった。ラーメロウ判決のおかげで、ようやく二〇一四年三月、トーマス・デメジエール内相（CDU）は、左翼党国会議員をもはや監視しないと言明したが、幾つかの州ではなお、公安が左翼党を「危険分子」として見張っている。

二〇一四年五月九～一一日、ベルリンでの党大会で、キッピング（七七・二五％）、リークシンガー（八九・六九％）両共同代表が再任され、左翼党は一時期の混迷から脱したことを内外に示した。キッピングは、新しい党内対立ではなく、「私たちのさまざまな伝統の多様性を豊かさとして感じる」よう呼びかけ、リークシンガーは、左翼党が「党員政党かつ運動政党」でなければならないと強調した。また副代表には、カレン・ライとアクセル・トローストが再選、「反資本主義左翼」のトビアス・プフリューガー（バーデン＝ヴュルテンベルク州）と、「マルクス21」のジャニーン・ヴィスラー（ヘッセン州）

が新たに選ばれた。前副代表のヴァーゲンクネヒトは、連邦議会議員団の職務に専念するため、立候補しなかった。

3 欧州における連帯

かつてＤＤＲ時代ＳＥＤは、東側陣営各国の「指導政党」と、「兄弟党」の関係にあった。しかしそれは、ソヴィエト共産党を頂点とする覇権システムの一部にすぎず、人間的なぬくもりに乏しいものであった。

ドイツとフランスを両輪として欧州統合が進んでいる現在、左翼党の活動もまた一国に限られることなく、欧州を舞台に展開している。それはおおよそ三つのレベルに分類できる。

第一は、欧州左翼党の中での活動である。[5] 一九九八年六月、翌年に欧州議会選挙を控え、ＥＵの左派社会主義、共産主義、赤緑政党がベルリンに結集し、新しい協力のあり方について協議した。さらに一九九九年一月、一三の欧州左翼政党がパリに集まり、欧州議会選挙に向けた初の共同声明を発表した。彼らは社会的・民主的・平和的・連帯的な欧州を目指し、選挙後欧州議会内に「欧州統一左翼・北欧緑左派（ＧＵＥ／ＮＧＬ）」会派を結成した。その過程でローター・ビスキーＰＤＳ党首は、欧州統合に対する個々の党の態度にとらわれず、欧州議会や新欧州左翼フォーラム（ＮＥＬＦ）といった従来の協力関係から一歩踏み出す必要性を力説、新しい共通政党結成の構想が温められていった。そして二〇〇三年三月、コペンハーゲンとパリでのＮＥＬＦ会合で、前年決議された欧州新党に向けて具体的措置が講じられ、基本綱領と規約の作成が進められた。さらに翌年一月一〇～一一日、イニシアティヴ政党がベルリンに集まり、欧州左翼党結成の共同声明を行った。

こうして二〇〇四年五月八～九日、ローマに一五の欧州左翼政党が集まって、ブリュッセルに本部を置く欧州左翼党が発足、初代代表にファウスト・ベルティノッティ（イタリア共産主義再建党）が選ばれた。二〇〇五年一〇月八日にアテネで第一回党大会が開かれ、「欧州左翼アテネ宣言」が採択された。

欧州左翼党のロゴ

二〇〇七年一一月二三～二五日、プラハで開かれた第二回党大会では、ビスキーが第二代欧州左翼党代表に選ばれた。ビスキーは、東西欧州の左翼政治の経験を結びつけ、欧州左翼党の発展に努めた。さらに二〇一〇年一二月三～五日にはパリで第三回党大会が開かれ、新代表にピエール・ローラン（フランス共産党）が選出された。

第三回党大会で欧州左翼党は、緊縮政策に抵抗し、社会的権利への攻撃に対抗する行動計画としての「社会的欧州のためのアジェンダ」を採択し、金融安定ではなく「社会的発展のための欧州共同債」創設の要求を決議した。その他、緊縮政策終了・経済政策変更・反貧困の行動計画への動員、国家財政に対する議会の監視を剥奪されることへの抵抗、外国人敵視・人種差別・ネオファシズムに反対する欧州キャンペーン、反ＮＡＴＯと反戦、米国他世界中の外国軍基地の解体などを求める動議も採択された。

二〇一三年一二月一三～一五日、マドリッドでの第四回党大会では、基本路線が確認されるとともに、「欧州オルターナティヴ・フォーラム」の年次開催などのほか、二〇一四年五月の欧州議会選挙で、ギリシャの急進左派連合（ＳＹＲＩＺＡ）党首で、欧州左翼党副代表のアレクシス・ツィプラスを、欧州委員会委員長候補に推すことが決議された。ツィプラスは二〇〇八年、弱冠三二歳で欧州左翼党に加盟している「左翼運動・エコロジー連合」（シナスピスモス）の党首に就任、翌年にはシナスピスモスなど左翼勢力が結集した急進左派連合の党首となった人物である。現在、欧州左翼党には、ドイツ・フランス・ルクセンブルクなどの左翼党、フランス・ベルギー・オーストリアなどの共産党、スイス労働党など二一カ国、二六政党が正式加盟、六つの国・地域の七政党がオブザーバー加盟している。

欧州における連帯の第二の形態は、欧州議会における「欧州統一左翼・北欧緑左派（ＧＵＥ／ＮＧＬ）」会派の活動である。[6] 二〇〇九年六月の欧州議会選挙で、同会派は合計一二カ国一七政党の三五議席を得たが、このうちドイツ左翼党は断然最多の八議席であった（二番目はチェコ・モラヴィア共産党の四議席）。[7]

次の二〇一四年五月選挙では、一七議席増の五二議席を獲得、ドイツ左翼党はそのうち、やはり最多の七議席を占めた。なお、ギリシャでは急進左派連合が最大の勢力となったほか、スペインではこの年の一月に発足した左翼新党「ポデモス」、イタリアでは「ツィプラスとともに別のヨーロッパ」

が躍進した。

欧州議会「欧州統一左翼・北欧緑左派」の議員団長は、スペイン統一左翼のアロンソ・フエルタ（一九九五年一月六日〜）、フランス共産党のフランシス・ヴュルツ（一九九九年一〇月一三日〜）を引き継いで、二代続けてドイツ左翼党が輩出している。二〇〇九年七月一四日にはビスキー、さらに二〇一二年三月一五日には、かつてPDS党首を務めたガービー・ツィンマーがこれに就任した。ツィンマーは、二〇〇四年以来欧州議会議員を務め、主に雇用・労働権・社会権・最低賃金・男女平等の問題や世界大の飢餓・貧困に対する闘いに携わってきた。

このように、欧州左翼党および欧州議会「欧州統一左翼・北欧緑左派」会派におけるドイツ左翼党の比重の大きさは歴然としているが、昨今ユーロ・債務危機が有権者の関心を集めている中で注目されるのは、ギリシャの友党、急進左派連合との連携である。

ギリシャは、二〇〇八年一〇月に発足した新政権が債務統計を大幅に修正した結果、翌年の財政赤字は国内総生産の一二・七％に達することが判明、深刻な債務危機に陥った。いわゆるギリシャ支援の最大拠出国ドイツでは、与党からも、税金をギリシャに移転することへの拒否や、ギリシャのユーロ離脱を求める声が上がり、国民の間でも、「ギリシャ人は怠惰で身勝手な寄食者」という反発が強まっていることを背景に、政府は、ギリシャの公的債務削減に強硬に反対してきた。

左翼党は、二〇一〇年の時点で債務削減を主張、「ギリシャ支援」の実態は、ギリシャ国民ではなく民間銀行・ヘッジファンド・投機家の救済にすぎないと批判してきた。二〇一二年五月二二日には、急進左派連合のツィプラス党首をエルンスト共同代表とギジ連邦議会議員団長が迎え、①欧州中央銀行・EU・国際通貨基金（IMF）による金融支援条件政策の即時中止と新たな債務交渉、②金融市場への従属からの国家財政の解放、③金融市場の厳格な規制と課税、④改革されたユーロ圏でのギリシャの残留、⑤さらなる緊縮命令に代わる景気・再建プログラム、⑥恐慌の利得者への責任要求（富裕層への課税、資本逃避・脱税の効果的撲滅）を骨子とする六項目プログラムを発表した。[8]

他方で左翼党は、ドイツが強いた歳出削減政策によって、ギリシャでは子どもが飢え、年金生活者がホームレスとなり、病人は必要な薬も入手できないという深刻な窮乏化状況が生まれていることを指摘、急進左派連合と協力して、具体的な社会的救済事業への募金という国際的な連帯キャンペーンも展開している。また、ツィプラス自身が左翼党の幹部とともに選挙集会などに登場して、国家財政の危機を口実に進行している不公正な再分配の現状を報告し、仮に「ユーロ防衛のためには、ギリシャ一国くらい犠牲にしても構わない」と考えたとしても、金融市場はギリシャ脱落後ポルトガルなど別の標的を狙うだけで、ユーロ使用EU加盟一七カ国の公正な連帯が必要であることにドイツ市民の理解を求めたりもしている。

さて、欧州における左翼党の連携活動の第三の形態は、個別問題に即した（とりわけ隣国の）友党との二国間・三国間の協力である。たとえば、テューリンゲン州の党支部は、チェコの友党と、トラックの往来問題に関する協議を重ね、共通の交通・環境政策を練っている。シュレースヴィヒ＝ホルシュタイン州の党支部は、バルト海に橋を架ける巨大プロジェクト計画をめぐって、デンマーク、さらにはスウェーデンの友党と意見を交換している。また、連邦憲法擁護庁による左翼党国会議員への監視活動が発覚したのを受けて、ルクセンブルクの友党が左翼党に、公安当局の人権侵害に関する助言を求めたりもしている。

このように重層的・多角的な欧州での提携関係に立脚して、左翼党は、二〇一四年五月二五日の欧州議会選挙で、前回並みの七・四％（一〇・一％）を得た。[9] この得票率には単なる数字以上の意義がある。というのも、今回の欧州議会選挙では、各会派が、次期欧州委員会の委員長候補を擁立したからである。CDU／CSUが所属する「欧州人民党」は、ドイツ語も公用語とするルクセンブルクのジャン＝クロード・ユンケル元首相、SPDが所属する「社会民主進歩同盟」は、ノルトライン＝ヴェストファーレン州出身のマルティン・シュルツ欧州議会議長を選挙戦の「顔」に選んだ。また、「緑の党・欧州自由連合」では、一九九九年、フランス・ミヨーに建設中のマクドナルドを「解体」する活動で一躍有名になったジョゼ・ボヴェとともに、ブランデンブルク州出身で三二歳のスカ・ケラーが選挙戦を引っ張った。

このように他党の看板候補がドイツの有権者になじみ深かったのに対し、「欧州統一左翼・北欧緑左派」から欧州委員長候補に推されたのは、ドイツの保守派政治家やメディアが偏見と敵意を掻き立てるギリシャのツィプラスであった。ドイツ国内ではツィンマーを筆頭候補とする左翼党は、選挙綱領から「新自由主義的、ミリタリスティックで、非民主的」という厳しいEU批判の文言を外し、候補者名簿もいわゆる「現実派」で固めた。

左翼党は、他の友党とともに、「民主的・社会的・エコロジー的・平和的」な「もう一つの欧州」の実現に取り組んでいる。金融危機がすさまじい失業と貧困という社会的危機を引き起こすなか、二〇一五年一月二五日のギリシャ総選挙で、急進左派連合が勝利してツィプラスが首相に就任、スペインでも「ポデモス」が急速に支持を集めている状況で、欧州左翼党、欧州議会の「欧州統一左翼・北欧緑左派」会派、そしてその中核的存在であるドイツの左翼党が果たすべき役割はますます大きくなっている。

4 左翼党州首相の誕生

二〇一四年一二月五日、テューリンゲン州議会は、左翼党のボド・ラーメロウを新しい州首相に選出した。「ベルリンの壁」崩壊二五周年にして、左翼党の州首相の誕生も、左翼党・SPD・緑の党による「赤赤緑連合政権」の成立も初めてである。

ラーメロウはニーダーザクセン州の生まれ、ヘッセン州での労働組合経験を買われて、東独での労働組合再編に関与し、テューリンゲン州の商業・銀行・保険労組（HBV）委員長を務めた。彼によれば、テューリンゲンは西独時代のさまざまな傷を癒してくれた。一旦離脱したプロテスタント教会に復帰したのも、その現れだという。一九九七年、「社会的民主主義への責任」を呼びかける「エアフルト宣言」に署名したのを経て、一九九九年、スターリン主義からの絶縁を確信してPDSに入党、同年テューリンゲン州議会議員となり、二〇〇一年一一月には同党の議員団長となった。ラーメロウは、二〇〇四年六月の州議会選挙を筆頭候補者として戦い、二六・一%を得、自らも小選挙区エアフルトI区を獲得した。

ラーメロウは引き続きPDSの州議会議員団長に選ばれたものの、間もなく連邦政治に関わることになった。つまり、二〇〇四年一二月、翌年の連邦議会選挙の選挙戦を率いる立場となり、自身も連邦議会議員に当選、左翼党副議員団長に選出された。同時に二〇〇五年六月からは、新党結成に向けたWASGとの協議を進めていった。

二〇〇九年八月のテューリンゲン州議会選挙で、ラーメロウは再び筆頭候補者となり、さらに党勢を前進させた。この時点で既に、八八議席中二七議席を得た左翼党が、SPD（一八議席）と「赤赤」、あるいは緑の党（六議席）も加え「赤赤緑」の連合政権を組むことは計算上可能であった。ラーメロウは、CDU主導の政治を転換させるため、州首相ポストを第三党のSPDに譲ることも申し出た。テューリンゲン州のSPDは、州政治のあり方をめぐり党内の意見が分かれたが、結局は、引き続きCDU（三〇議席）のジュニア・パートナーとしての地位を甘受することに決定した。ところが、一〇月三〇日の州議会で、クリスティーネ・リーバークネヒト（CDU）は、二度の投票でも絶対過半数に達せず、三度目の投票でようやく州首相に選ばれたのであった。

二〇一四年九月の州議会選挙では前回選挙以上に、CDU政治の継続か「赤赤緑」による政治の転換かが明確な争点となった。労働組合関係者は、

・経済・雇用・社会政策において、ディーセント・ワークに立脚した産業立地の維持
・連邦・EUからの財政支援の後退に備えた行政・領域改革
・年輩の失業者を労働市場に戻す道を開き、人々の技能のポテンシャル引き上げに役立つ州雇用市場プログラム
・民営化を優先させない公共サービス
・州のさらなる発展に向けた企業・経済団体・労働組合との対話志向の経済政策
・被用者および事業所・職員協議会の設立・助言のための勤労者会議（ArbeitnehmerInnenkammer）の設置
・機会均等を促進し、とうに実現しているべき職業生活活性化のための教育免除法を導入し、職業訓練生向けの割引切符を実現する教育政策
・長年の運動やプロジェクトに継続的な財政基盤を保障する反極右の州プログラムの拡大

といった具体的要求を掲げて、「赤赤緑」の実現を求めた。[10] もっともラーメロウ自身は、長年野党第一党として州の内情を相当把握してきたこともあり、一九九八年連邦議会選挙で政権交代を目指したゲアハルト・シュレーダー（SPD）張りに、「すべてが変わる必要はないが、我々は多くをよりうまくできる」という選挙スローガンを掲げた。

開票の結果、左翼党は二八・二％と州議会で最高の得票率を記録し、二八議席（二〇〇九年選挙に比べ十一議席）を獲得、SPD（一六議席の一二議席）、緑の党（前回同様六議席）ともに得票率を下げた

ことから、左翼党中心の「赤赤緑連合政権」の実現を目指した。他方、第一党のCDUは三四議席（＋四議席）を得たものの、FDPが得票率五％に達せず州議会から去ったこと、および選挙期間中リーバークネヒト州首相がAfD（一一議席）との連携を否定したことから、SPD、場合によってはそれに緑の党を加えた連合政権を模索した。

しかし、緑の党が早々にCDUとの連合を拒否したため、新政権の可能性は、いずれも総議席九一中四六議席というギリギリ過半数を占める「赤赤緑」か「黒赤」の可能性に絞られた。もともと「赤赤緑」三党は、行政・地域改革、育児手当の廃止、再生エネルギーの促進といった点で立場を共有していた。また左翼党とSPDは無料託児制度の導入で、左翼党と緑の党は、長年左翼党関係者を違法に監視していた一方、二〇〇〇～〇七年にわたり一〇人の連続殺人事件を起こしたネオナチ組織「国民社会主義地下組織」（NSU）の関連ファイルを破棄していた公安機関（憲法擁護庁）の廃止で、またSPDと緑の党は債務残高削減で一致していた。

新しい州政権の構成のキャスティングボートを握るSPDは、CDU、左翼党・緑の党とそれぞれ連合政権交渉の予備会談を行った。この間SPD州指導部は九月二九日、本格的な連合政権交渉を開始するに当たって党員投票を実施することを決定、さらに一〇月二五日には、「赤赤緑」派のアンドレアス・バウゼヴァイン・エアフルト市長を、八九・七％という支持率で、新しい党州支部長に選出した。

この間、一〇月二三日の第二回三党予備会談の議事録添付文書では、「DDRは独裁であって、法治国家ではなかった。不自由な選挙を通じて、国家行為の構造的な民主的正統性が既に欠如していたために、もし大小の有力者が望めば、ＤＤＲではいかなる法、いかなる正義も終わる可能性があったために、国家に同調的な行動をしない人間にとって、あらゆる法と正義が失われていたがために、ＤＤＲは結局のところ不法国家（Unrechtsstaat）であった」という文言が明記された。[11] つまり、左翼党とＳＰＤ・緑の党との対立点であったＤＤＲの歴史的評価をめぐり、左翼党は大きく譲歩したのである。

「ＤＤＲ不法国家論」の認容は、左翼党内で不興を招いた。そもそも「不法国家」とは、東西対立時代のイデオロギー的な闘争概念と言える。実はＤＤＲこそが、批判的ジャーナリストや労働組合活動家、共産主義者を弾圧する西独政権を、「ボンの不法国家」と呼んでいたのである。そのＤＤＲが、今度は冷戦の敗者として「不法国家」とレッテル貼りされ、ナチス＝ドイツと同列に論じられることに、少なからぬ東独市民は、自分たちの経歴を全面的に否定され、歴史を没収されるかのようなわだかまりを抱いている。[12]

一九九四年六月の世論調査によれば、「ＳＥＤ国家は不法国家だった」という言説に、西独市民の七三％が賛同したのに対し、東では賛成が三三％にとどまり、五〇％が反対した。[13] ＤＤＲを「不法国家」と呼ぶことへの抵抗は、旧体制の肯定を意味するのではなく、「法治国家でなければ、不法国家である」という単純な図式への違和感の表明と言える。

東西の政治指導者や知識人の中にも、そのような東独市民の歴史意識に公然と理解を示す者が出てきた。たとえば、「マグデブルク・モデル」のラインハルト・ヘプナー・ザクセン＝アンハルト州首相（SPD）は、一九九七年四月、SPD系のフリードリヒ・エーベルト財団が主催した法政策に関する会議で、DDRで不法が生じたことに誰も疑いを抱いていないものの、それだけではこの国家を特徴づけられないとし、西独に不法は存在しなかったのか、どれだけ多くの不法があれば、その国を「不法国家」と呼べるのかといった問題提起している。[14] その後も、ノルトライン＝ヴェストファーレン州出身で、二〇〇八年よりメクレンブルク＝フォアポンメルン州首相を務めるエルヴィン・ゼレリンク（SPD）が、二〇〇九年三月二二日付FAZ紙日曜版で、「DDRは、全体主義的不法国家ではなかった」と明言すれば、前回（二〇〇四年）同様SPDから大統領候補に推されたゲジーネ・シュヴァーン・ヴィアドリーナ欧州大学（フランクフルト・アン・デア・オーダー）元学長も、同年五月一七日付『デァ・ターゲスシュピーゲル』紙日曜版で、「不法国家」という概念は、「この国家〔DDR―引用者〕で起こったことが全て不法だったことを含意している」が、個々の労働法や交通法までが不法だったわけではないと述べ、やはり「DDR不法国家論」に異議を唱えている。

こうした事情を踏まえながらも、左翼党が「赤赤緑」の予備会談で、あえて「不法国家」の文言を受け入れたのは、政権交代を優先させるための単なる戦術と見なすわけにはゆかない。ラーメロウは二〇〇九年州議会選挙以降、DDR時代の政治的抑圧について、迫害、強制養子、国境での射殺などの当事者・関係者や緑の党と対話を重ねていた。というのも、元シュタージ非公式協力員で、二〇〇四年から議席を持つ二人の左翼党州議会議員の存在が、左翼党が州政権の主導権を握る大きな障害に

マゼンタのマルクス像を抱えて州議会に向かうラーメロウ
この写真が掲載されているUNZ紙（『我々の新しい新聞』）はテューリンゲン州議会左翼党議員団系の新聞で、隔週エアフルトで発行されている。

http://www.unz.de/nc/aktuell/politik_im_land/detail/zurueck/politik-im-land/artikel/thueringer-reformbuendnis-wannwenn-nicht-jetzt/

なったからである。両議員は二〇一四年の州議会選挙でも当選したが、既にそれ以前にかつての活動について謝罪を行い、過去の再検討にも前向きの姿勢を示した。[15] そもそもラーメロウが西ドイツの出身であることに加え、予備会談・連合政権交渉で左翼党を代表したズザンネ・ヘニッヒ＝ヴェルゾウ党州文部長が、一九七七年生まれという「ポスト転換《ヴェンデ》世代」に属していることも、ＤＤＲを「不法国家」と呼ぶのを許容する素地をつくったと言えるかもしれない。

「赤赤緑連合」が現実味を増す中、ガウク大統領は一一月二日、第一テレビで放送された番組で、ＤＤＲは「国家であったし、不法は存在した」と、実質的に「不法国家」論を擁護したうえで、「ＤＤＲを体験し、私の年齢にある人間は、このこと〔左翼党の州首相が誕生すること―引用者〕を容認するのに苦労せざるを得ない。だが、私たちは民主主義の中にある。私たちは人々の選挙決定を尊重するが、同時に疑念もある。州首相を立てるであろう政党は本当に、かつてSEDがここの人々を抑圧しつつ抱いていた観念から決別し、私たちはその党を十分に信頼できるのだろうか。この党の一部には、私は他の多くの人々と同様、信頼を培うのにさまざまな問題を感じる。ちょうどテューリンゲンでは、この党の実像は何なのか激しい論争になっている」と述べた[16]。

DDR平和革命の拠点の一つ、ベルリンのゲッセマネ教会を舞台に、十字架と祭壇の前で、元牧師の現職大統領が行ったあからさまな党派的発言は、政界に大きな波紋を呼んだ。キッピング左翼党共同代表は同日付の『ビルト』日曜版で、「私たちの党員の民主的信条に対する彼の疑念を、私はあらゆる形で拒絶する。そうしたことは、大統領にそぐわない」と反発した。ラーメロウはガウク発言に直接的なコメントは避けたものの、彼自身もキリスト教徒であることが無視、否認されたことに苛立ちを示した。SPDや緑の党からも、大統領がアクチュアルな政党政治に介入することへの批判が相次いだ。四日付の『南ドイツ新聞』は、「DDRが独裁であり、法が体系的に濫用されたことに異論の余地はない。それにもかかわらず、「不法国家」という語を声高に歓迎するのを、民主的態度の試金石にしようとする人々のうぬぼれは癇に触る」と論評した。

この日発表されたSPD党員投票の結果は、「赤赤緑」の是非をめぐる論争にむしろ拍車をかけた。すなわち、約四四〇〇人のテューリンゲン州SPD党員は、予備会談の結果を受け、投票率七七・五三%、賛成六九・九三%で、三党による連合政権交渉入りを承認したのである。

ベルリン=ブランデンブルク福音主義教会の牧師を父に、主に現ブランデンブルク州テンプリーン

左翼党議員団を指さして批判するヴォルフ・ビアマン

http://www.n-tv.de/politik/Ein-Linker-findet-Biermann-klassearticle13927311.html

で成長期を過ごしたメルケル首相は同日、CDUの「壁」崩壊記念行事で、テューリンゲンのSPDが、「誇りある左派国民政党」から左翼党のジュニア・パートナーになることへの「無理解」や、「あまりに戦術的」な緑の党への落胆を表明した。[17] そして、「シュタージ・スパイ国家が繰り返し人々の自由を踏みにじった」のだから、「もちろんDDRは不法国家だった」と強調した。現ザクセン州出身のヨハンナ・ヴァンカ連邦教育相（CDU）も、一一月九日付『ディ・ヴェルト』電子版で、ラーメロウらが「加害者政党SEDの後継組織に自覚的に加わり、これを延命させた」と非難した。

極め付きは、歌手のヴォルフ・ビアマンである。彼は両親が共産党員で、特に反ナチ抵抗運動に携わった父親はアウシュヴィッツ強制収容所で殺害された。一九五三年、ハンブルクからDDRに移住したものの、その後社会批判的な歌を創作・演奏して当局の圧力を受け、一九七六年、西独演奏旅行中に市民権を剥奪されたという経歴の持ち主である。一一月七日、連邦議会で催された「ベルリンの壁」崩壊二五周年式典で、ビアマンは激しく左翼党を攻撃した。[18]彼は本来、歌を披露するために式典に招待されていたにもかかわらず、議長の制止を振り切って、左翼党を「竜の輩の残滓」、「左でも右でもなく反動的」、「幸運なことに克服されたものの惨めな残滓」などとほとんど罵倒したのである。

ラーメロウは週刊誌『デァ・シュピーゲル』一一月一七日号で、メルケルがDDR時代、自由ドイツ青年団（FDJ）に所属するなどうまく立ち回る術を覚え、「大して青あざを作らなかったようだ」と反撃した。ガウク発言に対しては、その演出に傷ついたとしながらも、大統領に話し合いを申し出、「彼が疑問を発するだけでなく、対話を行うよう希望する」と述べた。

そもそも、DDRを持ち出して「赤赤緑連合」の成立に反対するのは、左翼党が既に三つの州で連合政権に参加した経験を持ち、二〇一四年一二月現在、七人の郡長（テューリンゲン州内で三人）、七人の大都市市長（テューリンゲンではアイゼナハ）などを出し、CDUを含む他政党と日常的に協力している実績をことさら等閑視しているように見える。[19]テューリンゲンの三党は順調に交渉を進め、一一月二〇日、一〇六ページの連合政権協定書「テューリンゲンを共に前進させる――民主的・社会的・エコロジー的に」の公表に漕ぎ着けた。[20]

協定書では改めて、DDRが「不法国家」だったことが確認された。前文に記された当該箇所の文言は、三党予備会談の議事録添付文書のものと、一言一句変わらなかった。

その他連合政権協定書には、託児一年無料制度の導入、全国レベルの親手当て（Elterngeld）とは別個に施行されている州養育手当（Landeserziehungsgeld）の廃止、長期失業者向けの公的雇用の助成、再生可能エネルギーの拡充促進、市町村やシュタイナー学校など自由学校への予算拡大、州憲法擁護庁の監督強化とテロ防止の場合を除く密偵の廃止、財政再建の確認が盛り込まれた。左翼党としては、州憲法擁護庁や債務の問題などでも譲歩した形となった。

「赤赤緑」の連合政権協定書について、まずSPDが一一月二九日、ゼンマーダーでの臨時州党大会で、賛成一七一、反対七、保留一という圧倒的多数で承認した。また左翼党は一二月一日まで党員投票を実施し、五〇三〇人の党員中、七八・八％の三九六四人が投票、九四・〇％に当たる三七〇四人が協定書を信認した。これを受け、一二月三日アルンシュタットでの州党大会は、賛成一〇四、反対一、保留四で協定書を確認した。さらに緑の党は、やはり一二月二日に開票された党員投票で、有効票四六四票中、賛成三九一（八四・三％）、反対六一、保留一二で、協定書を承認した。こうして三党の代表は四日、連合政権協定書に署名した。

翌一二月五日は、州議会で州首相の選出が予定されていた。前夜、議場前には一五〇〇人が「赤赤緑」に反対するデモを行った。それまでにも、左翼党だけでなく、SPD、緑の党の施設への襲撃や、殺人予告を含む脅迫、嫌がらせが相次いでいた。

五日の議会でCDUは、第一回・第二回投票では対立候補を立てず、投票が三回目にもつれ込んだ場合には、クラウス・ディッケ元イエーナ大学総長を擁立する方針を固めた。このいささか曖昧な決定の背景には、選挙戦中AfDとの協力を拒否したリーバークネヒトと、AfDに融和的なマイク・

ボド・ラーメロウ州政権の閣僚たち
http://www.thueringen.de/th1/tsk/aktuell/veranstaltungen/82320/

モーリンク州議会議員団長との確執があったと言われている。

これまでにも、州議会で与党が野党をわずか一票上回った例はないわけではない。二〇〇五年三月一七日、シュレースヴィヒ＝ホルシュタイン州議会では、与党三五議席、野党三四議席という状況で、ハイデ・ジモーニス（SPD）州首相の四選が阻まれるというミステリアスな事態が生じた。二〇一三年二月一九日、ニーダーザクセン州議会では、六九対六八という勢力関係で、シュテファン・ヴァイル（SPD）が新しい州首相に選ばれた。

今般テューリンゲン州で、仮に二度の投票を経てもラーメロウが州首相に選ばれないことになれば、「赤赤緑」・CDU双方にとって、困難な局面を迎えることになったであろう。実際にはラーメロウは、第二回投票で州首相に信任された。九一名の州議会議員のうち、ラーメロウ候補への賛成票は、一回目の投票では四五（無効一、反対四四、保留一）で過半数に及ばなかったが、二回目で四六に達したのである。

一〇分近い就任演説でラーメロウは、まず野党に向けて、信頼に満ちた協力を重視すると述べ、ドイツで二〇〇年ぶりにユダヤ教神学が通常の科目となったリーバークネヒト前州首相の功績に感謝した。彼に賛成票を投じなかった議員に、ヨハネス・ラウ元大統領（ＳＰＤ）の中心思想、「分断するのではなく和解する」を新しい州政府、そして州首相自身が評価される基準にしなければならないと述べた。[21] そして、投票率五二・七％と、半数が州議会選挙に行かなかった状況を深刻に受け止め、政治への信頼を回復するため、「連帯、公平、敬意」の精神を強調した。

さらにラーメロウは、ポツダムのシュタージ刑務所やヴァルトハイム刑務所に拘束されていた、傍聴席のアンドレアス・メラーに向かって、「君と君の仲間に対して私は、許しを求めるしかできず、だからこそ州政府と我々三党は、歴史の検証とＤＤＲの不法に集中的に取り組み、我々が着手したい幾つかのことを連合政権協定書に盛り込んだと言える。我々とともにこの道を行こうと思っている人々と一緒にだ」と述べ、二五年前の前日、エアフルト市民が権力機関を平和的に占拠したことの歴史的意義を強調した。そして、長期失業者や老齢貧困にある人々など、もはや繋がりを感じられないテューリンゲン州市民のために新たな方向への問題提起を行ううえでも、相互の公平さの重要性を確認した。

「赤赤緑」内閣の閣僚ポストは、左翼党四、ＳＰＤ三、緑の党二となった。政策だけでなく、人事の面でも、左翼党の譲歩が目立つ。当然のことながら、シュタージと関わりのあった両名は、閣僚名

図7-1　左翼党州首相の誕生に対する評価

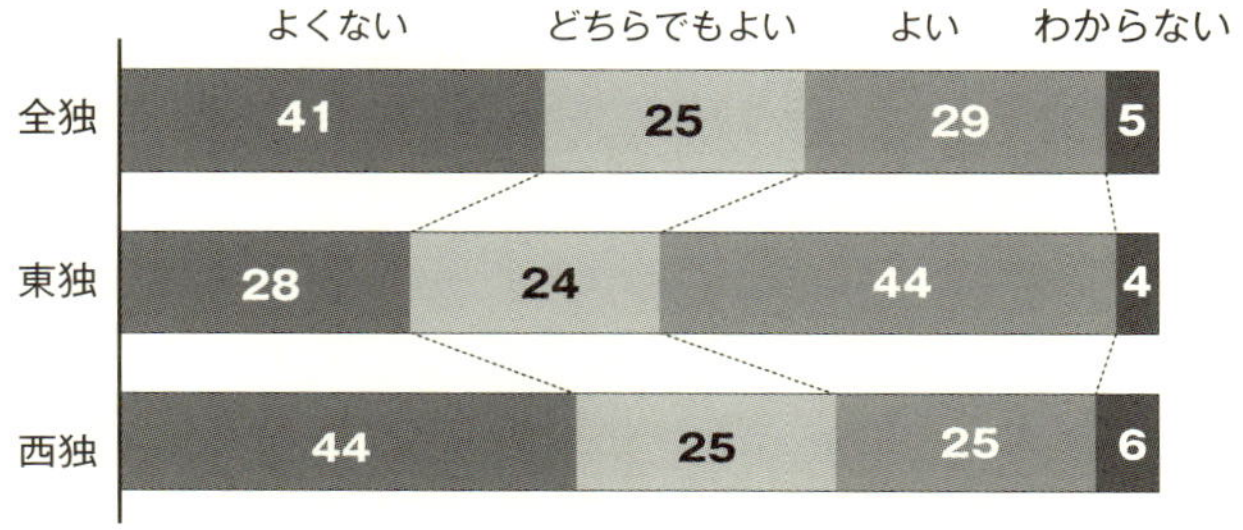

簿に名を連ねていない。新内閣の顔ぶれは、左翼党が、首相、首相府長官兼文化・連邦欧州問題相、教育・青少年・スポーツ相、労働・社会・厚生・女性・家族相と、インフラ・農業相、ＳＰＤが財務相（副首相）、内務・自治相と、経済・科学・デジタル社会相、緑の党が環境・エネルギー・自然保護相と、移民・司法・消費者保護相となった。このうち特に目玉と言えるのは、ヴォルフガンク・ティーフェンゼー元ライプツィヒ市長・元連邦運輸相の州経済相就任であろう。

二四年間続いたＣＤＵ政権に取って代わった「赤赤緑」新政権は、経済界・文化関係者からもおおむね好意的に迎えられた。今後ラーメロウ政権がどのような実績を残すのかは、もちろん未知数である。三党による連合政権であること、州議会の力関係がギリギリ過半数であることから、おそらくラーメロウは慎重な政治運営に努めるであろう。

一二月一二日に放送された第二テレビの世論調査によると、左翼党の州首相の登場に対し、東西の市民はほぼ対照的な評価を示している（図7-1）。もっとも、西独市民の意見は、東独における政治

表7-2　左翼党に対する評価

	賛同する			賛同しない
	全独	東独	西独	
左翼党は問題を解決しないが、少なくとも問題の所在を語っている	67	74	65	26
左翼党はSEDの過去をきちんと清算していない	59	53	60	30
左翼党は他の党よりも社会的弱者のために尽力している	43	51	40	48
左翼党も州首相を立てる時機になった	40	52	36	57
左翼党が州政府を率いたら、民主主義が心配だ	36	30	38	59
左翼党は東独で、プラグマティックで事態に即した政治をしている	32	43	29	45

的日常を知らないこと、西独の左翼党が多分に急進的であることに影響されていると言える。

一二月四日の第一テレビ世論調査も、東独で左翼党が国民政党として完全に定着し、州首相の擁立も容認していることを示している（表7-2）。ただし、左翼党が連邦レベルで政権入りすることには、賛成四〇％（東五一％、西三六％）、反対五六％（東四四％、西五九％）と、なおかなりの留保があることがわかる。

5　展望――二〇一七年へのモデルケース？

テューリンゲン州は小さな連邦州で、連邦参議院で占める議席数は、総数六九のうち四にとどまる。加えて、三党による連合政権であること、予算面で連邦・EUからの制約があること、他州との政策調整が必要であること、州議会における与野党の勢力が伯仲していることなどを考慮すると、「赤赤緑連合」が新機軸を打ち出し、全独的な影響力を与える余地は、かなり限られていると言える。それでも、ラーメロウ州首相が安定した政権運営に手腕を発揮すれば、他党の左翼党観はさらに大きく変化するであろう。また、西独出身だが急進的ではなく、敬虔なクリスチャンで、犬を連れて散歩するのを好むラーメロウの人となりを通じて、左翼党そのもののイメージもかなり変わると思われる。ギジ、ラフォンテーヌ、ヴァーゲンクネヒトとはキャリアも政治観も異なるタイプの政治家として、ラーメロウは、左翼党の新たな「看板」になるであろう。また党内においても、東の実務派、西の原理派というこれまでの対抗図式に微妙な変化を及ぼすかもしれない。

実は、既に二〇一三年の連邦議会選挙で、「赤赤緑」は、数字上は総議席六三一中三二〇と過半数を制していた。もちろんだからと言って、テューリンゲンの州政権モデルが、二〇一七年に予定される次期総選挙で、直ちに実現するとは即断できない。SPDも緑の党も、特に外交政策の面で、左翼党との連合政権の可能性を否定している。とりわけ厄介なのは対イスラエル関係で、イスラエルがパレスチナを圧倒的な武力で攻撃し、左翼党内でイスラエルを非難する動きが起こるたびに、党内外から逆に「反ユダヤ主義」を責める大合唱が起こるのである。

とは言え、思い起こしてみれば、かつてNATO脱退や産業社会からの脱却を唱えていた緑の党も、永らく政権能力がないとの烙印を押されていた。SPDが二〇一三年一一月一四日のライプツィヒ党大会で、二〇一七年以降、全国レベルでも左翼党との連合政権を視野に入れるとの動議を採択したことは、今後のドイツ政治を考えるうえで示唆的である。「大連合政権」が二〇一五年より、全国一律八・五〇ユーロの最低賃金制を導入したのは、左翼党の主張の後追いと言える。他方でCDUは、二〇〇八年五月〜一〇年一一月のハンブルク特別市に続き、二〇一四年一月、SPDの牙城だったヘッセン州で、「黒緑連合」を成立させるなど、「赤赤緑」による多数派形成を阻止しようと躍起になっている。

仮に、全独レベルでの「赤赤緑」の現実味が増せば、左翼党には、この党の宿痾と呼ぶべき「政権参加問題」でのより踏み込んだ党内合意が求められることになる。ゲッティンゲン党大会に至るまで繰り広げられたような、改革派とラディカル派の反目の再現は許されない。左翼多元主義の原則を踏まえたうえで、党内での切磋琢磨を活かし、またさまざまな社会運動の連携を通じて、左翼党独自の政策を練り上げ広範な市民に提示する成熟した党内文化が不可欠と言える。

また、左翼党の党員数は、二〇一二年末六万三七六一人、二〇一三年末六万三七五七人、二〇一四年一〇月末六万二六一四人と増加の兆しを見せていない[23]。党員数の減少は、ひとえに高年齢に起因する。左翼党党員の平均年齢は、永らく六〇歳で、主要政党の間で最も高かった。二〇一三年末の時点では、CDU、SPD、CSU並みの五九歳であるが、緑の党の四八歳には遠く及ばない[24]。年齢の高さは、どうしても志操堅固で生真面目というイメージをもたらす。だが今の若い世代は、好むと好まざるとにかかわらず、生活における快楽主義や消費欲求が強く、社会変革への志向に乏しい「享楽社会」で生まれ育っており、左翼党の活動スタイルを敬遠する面もある。ある種の「気楽さ」「楽しさ」も感じさせながら、たとえばコンピューターとインターネットというツールを使って市民の政治参加を推し進め、政治の世界全般の透明性を高めるといった方法も一案かもしれない。

もとより、PDS時代から東独で定評のあった、地域や職場でさまざまな困難に直面している人々への「面倒見のよさ」は、さらに広げ深めていく必要があるし、各種社会運動との連携も今以上に重視しなければならないであろう。その際、三七・三%と、緑の党（三八・二%）に次いで比率の高い女性党員が果たすべき役割は、より大きなものになると思われる。

1 http://www.berliner-zeitung.de/archiv/joachim-gauck-nennt-die-hartz-iv-proteste-berechtigt--sieht-aber-einen-grundlegenden-unterschied-zum-herbst-1989--wer-gute-gruende-fuer-demos-hat--braucht-kein-falsches-etikett-,10810590,10201300.html

2 http://www.spiegel.de/politik/deutschland/anti-banken-bewegung-gauck-nennt-proteste-unsaeglich-albern-a-792098.html

3 http://www.tagesspiegel.de/politik/integration-gauck-attestiert-sarrazin-mut/3685052.html

4 Forschungsgruppe Wahlen, Landtagswahl in Hessen, 22. September 2013.

5 http://www.european-left.org/

6 http://www.guengl.eu/

7 http://www.dielinke-europa.eu/

8 http://www.linksfraktion.de/positionspapiere/alternativen-austeritaetspolitik-bankenrettung/

9 ただし、この欧州議会選挙では、得票率による阻止条項が適用されなかった影響で、左翼党の議席数は前回より一議席減の七議席となった。

10 http://www.wechsel-gestalten.de/

11 http://www.die-linke-thueringen.de/fileadmin/LV_Thueringen/dokumente/14-09-23_protokoll-anlage-1.pdf

12 拙稿「ノスタルジーか自己エンパワーメントか―東ドイツにおける「オスタルギー」現象」高橋秀寿・西成彦（編）『東欧の20世紀』人文書院、二〇〇六年。

13 *Allensbacher Jahrbuch der Demoskopie 1993-1997*, a.a.O., S.584.

14 http://www.fes.de/kommunikation/recht/brosch/hoeppner.html

15 http://www.deutschlandfunk.de/koalition-in-thueringen-linke-will-ddr-nicht-ansatzweise.694.de.html?dram:article_id=305279

16 http://www.tagesschau.de/inland/gauck-zu-linkspartei-101.html

17 http://www.tagesspiegel.de/politik/angela-merkel-natuerlich-war-die-ddr-ein-unrechtsstaat/10934104.html

18 http://www.bundestag.de/dokumente/textarchiv/2014/kw45_de_25jahre_revolution/337014

19 http://www.die-linke.de/fileadmin/download/kommunal/fuer_links_im_amt/fuer_links_im_amt_dezember2014.pdf

20 http://www.die-linke-thueringen.de/fileadmin/LV_Thueringen/dokumente/Koa_gesamt_17_final_mit_Logos.pdf

21 ちなみに就任直後のインタビュー番組でラーメロウは、ヴィリー・ブラント西独首相のモットー「さらなる民主主義を」も強調した。

22 http://www.tagesschau.de/inland/deutschlandtrend-215.pdf

23 http://www.die-linke.de/partei/fakten/mitgliederzahlen/およびhttp://www.faz.net/aktuell/politik/inland/mitgliederschwund-volksparteien-schrumpfen-die-afd-waechst-13340441.html

24 Oskar Niedermayer, *Parteimitglieder in Deutschland: Version 2014, Arbeitshefte aus dem Otto-Stammer-Zentrum*, Nr. 21, Berlin 2014.

補論：ドイツの政治システムについて——日本政治へのインプリケーション

日本では、同じような歴史過程をもつドイツの政治システムが、しばしば引き合いに出される。誤解・曲解を伴った紹介も散見されるので、ここで、それが日本政治に及ぼす意味について簡単に触れておきたい。

日独政治システムの決定的な違いは、憲法コンセンサスの有無にある。一九四九年五月二三日に施行されたドイツ連邦共和国基本法は、もともと「〔米英仏〕西側占領地帯の統一的行政のための基本法」として作成されたために、「憲法」ではなく、その名称がある。一九九〇年一〇月三日の「ドイツ統一」後は、連邦共和国に東独諸州が編入する形式をとったため、新しい憲法が制定されることなく、基本法が一部改正された状態で効力を保っている。

この基本法の改正は、連邦議会議員の三分の二および連邦参議院の表決数の三分の二の賛成を必要とする（基本法第七九条第二項）。これまで改正は、都合六〇回以上行われている。そのことをもって、施行以後七〇年近く改定されていない日本国憲法を、「歯がゆい」とそしる向きもある。

だが、ドイツの改憲は、決して無原則に行われるわけではない。基本法第七九条第三項は、「連邦

連邦参議院における各州の定数

6	バーデン＝ヴュルテンベルク州、バイエルン州、ニーダーザクセン州、ノルトライン＝ヴェストファーレン州
5	ヘッセン州
4	ベルリン特別市、ブランデンブルク州、ラインラント＝プファルツ州、ザクセン州、ザクセン＝アンハルト州、シュレースヴィヒ＝ホルシュタイン州、テューリンゲン州
3	ブレーメン特別市、ハンブルク特別市、メクレンブルク＝フォアポンメルン州、ザールラント州

制による州の編成、立法における諸州の原則的協力、または第一条および第二〇条に定められている諸原則に抵触するような、この基本法の改正は、許されない」と明記している。つまり、第一条に謳われる人間の尊厳、基本権による国家権力の拘束や、第二〇条に定められた、ドイツが「民主的かつ社会的な連邦国家」で、「すべての国家権力は、国民より発する」といった国家秩序の基礎は、改変されてはならないのである。つまり日本国憲法の文脈に置き換えて言えば、改憲に際して、主権在民、基本的人権の尊重、平和主義に手を付けてはならないということになる。

次に、ドイツの議会は、下院としての連邦議会と、上院としての連邦参議院から成る。連邦参議院は定数六九で、各州政府が、人口に応じて定められた議席数の代表者を送っている。

ドイツでは、州レベルでも連合政権が常態化している。当然、その組み合わせが連邦政府と異なることも、稀ではない。連邦レベルでは与野党に分かれ対立している二つの政党が、州レベルで連合政権を構成するのもごく普通で、そのような州は、連邦参議院での採決の際、賛否を保留することになる。

他方、連邦議会の定数は、二〇〇二年より定数五九八（それ以前は六五六）である。二〇一三年総選挙時の有権者数は六一九〇万人であるから、議員一人当たり一〇万三五〇〇人の有権者を代表していることになる。ちなみに、日本の衆議院の定数は四八〇で、二〇一四年の解散・総選挙時の有権者数は一億三九六万人であるから、議員一人当たり、ドイツの倍以上の二一万七〇〇〇人の有権者を代表している。言い換えれば、日本の有権者の声は、ドイツの半分以下の規模でしか衆議院に届いていない。したがって、「日本には議員の数が多すぎる」という主張は、少なくともドイツとの対比においては、虚構に基づいていることがわかる。

今一つの虚構は、政党に対する国庫補助をめぐる議論に関係する。税金による政党助成の雛型は、一九六七年七月二四日、西独で決議された政党法にある。政党を「自由で民主的な基本秩序の憲法上必要不可欠な構成要素」（第一条第一項）と規定する同法は、第一八条で国家的補助の原則と規模について定めている。二〇一二年一一月一日現在、直近の連邦議会選挙あるいは欧州議会選挙において政党名簿に投ぜられた得票が〇・五％以上か、州議会選挙で得票一％以上の政党に対して支給される国庫補助の額は、四〇〇〇万票までは一票八五セント、それを超える分については七〇セントとなっている。[1] また党費・献金を集めると、一ユーロごとに三八セントを上乗せして補助されることになっている。

政党助成の「絶対的上限」は、二〇〇二年から一億三三〇〇万ユーロに固定されていたが、二〇一一年に一億四一九〇万ユーロ、二〇一二年に一億五〇八〇万ユーロとなり、二〇一三年からは、政党に典型的な支出の物価上昇分に応じて引き上げられることになった。二〇一四年二月五日、連邦議会議長によって公表された二〇一二年各党の財政状況に関する報告によれば、左翼党の収入は合計約二九七七万ユーロ、うち党費が占める割合が三一・四%、国庫補助が占める割合が四一・二%となっている。[2] ちなみに他党の収入における国庫補助の割合は、CDUが三三・九%、SPDが三〇・一%、緑の党が三九・五%という具合である。

日本では一九九五年、「政治改革」と称して、国民一人当たり二五〇円の負担で、年間約三二〇億円の税金を、届け出た政党に配分する制度が導入された。もとより安易な数値の比較はできないが、二〇一二年末の為替レート(一ユーロ=一一五円)で単純計算すれば、ドイツの政党助成の総額は一七三億円余りであるから、日本はドイツの倍近い税金を政党に支出していることになる。

金額の問題だけではなく、日本では、もともと賄賂性を帯びる企業・団体献金が相も変わらずほとんど野放図に行われている一方、政党助成金が党収入の五割を優に超える政党が目白押しで、しかも、政党助成金を受け取る政党として届け出る時期になると、新党結成や解散が相次いでいる。さらに、献金と助成金の二重取りで、その使途には、高級料亭での飲食から生活用品の購入までが臆面もなく含まれている。このような乱脈ぶりの中で、国民の思想・信条に反して税金で賄われる政党助成金の制度を続けるのは、もはや「民主主義のコスト」として正当化できるものではない。

また、ドイツの選挙制度は、多数制と比例代表制を組み合わせた小選挙区比例代表併用制である。ヴァイマル共和国時代は、完全比例代表制の選挙であったが、戦後は選挙法により、立候補は小選挙区および州候補者リストを通じて行われることになった。選挙権年齢は一八歳であるが、一部の州では、地方選挙の選挙権年齢が一六歳に引き下げられている。

投票は二票制で、有権者は、小選挙区の候補者（第一票）と比例での政党名簿（第二票）に投票する。小選挙区制度は、もちろん、日本のように政治を「家業」とする世襲政治家に有利に機能しているわけではない。そして、より重要なのは比例代表で、州名簿に投じられた第二票が連邦レベルで各党別に集計され、その得票に応じて、連邦議会の議席が各党に配分される。もし、ある党の小選挙区当選者数が、得票率による配分議席数を上回った場合、その差は超過議席となって、議席総数が増やされた。

ただしこの超過議席は、二〇一三年二月二一日の連邦議会決議により事実上廃止された。つまり、各党の議席は、あくまで比例配分によって決められるものとされ、従来の方法で超過議席が生じた場合、調整議席が当該政党に補填されることになった。当然、この調整議席を加えて確定した議席数は、当初の定数を大幅に上回ることが予想され、事実二〇一三年の総選挙では、本来の定数五九八に対し、当選者数は六三一となった。

比例配分の方法は、当初のドント方式、一九八七年からのヘア＝ニーマイアー式を経て、二〇〇八年からサン＝ラグ方式が採用されている。各党の投票数を整数で割っていくドント方式、最大剰余方式のヘア＝ニーマイアー式に比べ、各党投票数を奇数で割っていくサン＝ラグ方式は、少数政党にさらに寛容な議席配分方式と言える。

今一つドイツの選挙制度でよく知られているのは、得票率が五％に満たない政党には議席を配分しない「五％条項」である。これは、一九二八年五月二〇日の国会議会選挙で得票率二・六％にすぎなかったナチ党に議席を与えていなければ、彼らが議会内外で民主主義を悪用し破壊することはなかったかもしれないという「ヴァイマルの教訓」に基づいている。

しかし、この「五％条項」が、民主主義制度の防衛に役立っているかどうかは、必ずしも明らかではない。一九九八年ザクセン＝アンハルト州議会選挙でドイツ民族同盟（DVU）が突然一二・九％も獲得したように、非民主的・反民主的な政党の議会進出が与える衝撃は、「五％条項」の存在ゆえにむしろ倍加するとも言える。

いずれにしても、この阻止条項が今後も存続するかどうかは疑わしくなっている。というのも、二〇一四年二月二六日、連邦憲法裁判所が、得票率三％未満の政党は欧州議会で議席を得られないとした欧州議会選挙法の規定は、基本法第三条第一項（選挙権の平等の原則）及び第二一条第一項（政党の機会平等）に抵触し無効であるとの判決を下したからである。その結果、五月二五日の投票で、得票率一・五％から〇・六％までの七政党に、一議席ずつが配分された。そして、連邦憲法裁判所の「三％条項」違憲判決の論理は、当然、連邦議会選挙・州議会選挙での「五％条項」を疑問視させることになった。

なお、ドイツの国政において、大半の期間政権の座を占めているCDU／CSUを「宗教政党」と呼ぶ向きがあるが、それは正しくない。一九四五年誕生した両党（CSUの活動範囲はバイエルン州に限られている）の名に「キリスト教」が冠せられたのは、一八七〇年に創立され、一九三三年に解散した中央党がカトリック偏重であった反省に立ち、プロテスタント、あるいは無宗教の人間も取り込んで、左翼政党に対抗しようとした志向性を示したものである。最近の党幹部には、「在独ユダヤ人評議会」のメンバーや移民二世のイスラームなども登用されている。また、キリスト教徒であるからといって、CDU／CSUの党員ないし支持者とも限らない。本文で紹介したヨハネス・ラウ元大統領は、カトリックでSPD、ボド・ラーメロウ・テューリンゲン州首相は、プロテスタントで左翼党である。

選挙戦の風景（2013年9月2日、バイエルン州プファッフェンホーフェン）
http://www.hallertau.info/?StoryID=188&newsid=80808

ところで、選挙に関わる諸制度とは別の次元で注目したいのは、選挙運動のあり方である。もちろんドイツでも大掛かりな選挙集会は催されるが、一般の市民が直に接する機会が多いのは、街中の広場や歩行者天国での選挙活動である。写真は、二〇一三年連邦議会選挙のひとこまであるが、マイクを使って通行人に無理やり主張を聞かせることはしない。インフォスタンドには、選挙綱領などのパンフレットだけでなく、鉛筆やらメモ帳やらが並んでいて、それを持ち帰ろうとする人と候補者・運動員との間で対話が始まる。子どもがかざぐるまや飴玉をほしがって、それが対話のきっかけになる

左翼党グッズ

こともある。

それら「左翼党グッズ」は、ネット販売もされている。[3] 出版物はもちろん、ポスター、Tシャツ、ショルダーバッグから、トランプ、ティッシュ、コンドームまで売っている。ドイツの政党ではごく当たり前のこうした光景は、政治と市民の距離を縮め、民主主義の深化に意外に貢献しているのではないだろうか。

1 http://www.bundestag.de/blob/189364/a985281d9339f64dff2da95081548fb0/staatl_partei_finanz-data.pdf
2 http://dip21.bundestag.de/dip21/btd/18/004/1800400.pdf
3 https://shop.die-linke.de/

インタビュー
トビアス・プフリューガー副党首に聞く

トビアス・プフリューガー（Tobias Pflüger）副党首は一九六五年、バーデン＝ヴュルテンベルクの州都、シュトゥットガルトの牧師家庭に生まれた。彼が青春期を送った一九八〇年代は、ＮＡＴＯのパーシングⅡミサイル配備、ソ連のアフガニスタン侵攻など、東西対立が激化し、欧州核戦争が懸念され、反核運動が高揚した時期であった。そうした時代状況もさることながら、個人的には、彼が高校生活を過ごした場所が、シュトゥットガルトの南西約五〇キロにあるナーゴルトだったことが、その後平和運動に携わる背景をなしているという。というのも、この町にあるアイスベルク兵舎で一九六三年七月、猛暑の中行軍を強いられた新兵が死亡する事件があったからである。この事件は、多くの人に「制服を着た市民」という連邦軍の原理への疑念を抱かせた。そして事件から二〇年近く経っても、プフリューガー氏は、しばしば年配の人から「ああ、あのナーゴルトの学校に通っているの」と言われ、いやでも軍隊の暴力性を意識させられたという。

また、母方の祖父が、第二次世界大戦でウクライナ戦線に従軍して撮っていた写真を一四歳の時に見て、民間人殺害を含む戦場の惨劇に強い衝撃を受けたこと、また牧師の父親が、どんなに意見が対立しても暴力を使ってはならないと常日頃説いていたことの影響も大きかったという。そうした事情でプフリューガー氏は、割合早くから復活祭行進などに参加していた。ちなみに父親は、政治的にはどちらかと言えば保守的であったが、トビアスが左翼党の前身のPDSから欧州議会選挙に立候補すると打ち明けた時、「私はPDSが好きではない。でもPDSは戦争に反対している。選挙に出なさい」と後押ししてくれたという。

プフリューガー氏は一九九六年三月、連邦陸軍にエリート特殊部隊が設けられたのに刺激されて、学生仲間三人とともに、それに対抗しようと「軍事化情報オフィス」（IMI）を立ち上げ、本格的な分析に取り組んだ。コール長期政権が総選挙で退陣し、「赤緑連合政権」の「改革プロジェクト」への期待が高かった時期、『草の根革命』紙二三三号（一九九八年一一月）に論文「赤緑の戦争政策」を発表、ドイツがNATOの対ユーゴスラヴィア戦争に参加すると予言して、注目を集めた。プフリューガー氏は二〇〇四〜〇九年、欧州議会議員を務め、二〇一〇年五月より党幹部会のメンバー、二〇一四年五月の党大会で副党首に選出された。党内潮流としては、「反資本主義左翼」（AKL）に属する。

――左翼党の現状をどう見ますか？　たまたま昨日は、ハンブルク特別市の市議会選挙もあったわけですが。

トビアス・プフリューガー（以下、T・P）　ハンブルクで左翼党は、得票率が二・一％伸びて、八・五％に達しました。八・五％というのは、ザールラント州を除けば、西独の州議会選挙で左翼党が獲得した最高の得票率ですし、前回よりも好成績を収めたことも有意義です。なかでも、アルトナ選挙区では一八・九％、ミッテ選挙区では一五・八％という健闘ぶりでした。特に、ミッテの中のザンクト・パウリ地区では二九・一％と、ＳＰＤを抑えて第一党になったほどです。

左翼党は、徹底して野党としての選挙戦を展開しました。かつてＳＰＤ幹事長として「ハルツⅣ」の導入に責任のあるオラーフ・ショルツ市長の経済優先の市政に、真正面から異を唱え続けたのです。そして選挙戦を通じて、有権者の中でも、特に左翼オルターナティヴ層の獲得に成功したと言えます。

勝利の秘訣としては、やはりできる限り多くの党内潮流がまとまって選挙戦を戦ったことが大きいと思います。ハンブルクの指導者の顔ぶれを見ると、筆頭候補者は、ＳＰＤを離党して、ＷＡＳＧから左翼党に入り、二〇一二年の党大会で、カティア・キッピングに対抗して党首に立候補した左派のドーラ・ハイエン。市議会議員団の幹事長は、いわゆる改革派のトルステン・ヴァイル。それから党州支部長は、共産党（ＤＫＰ）からＰＤＳに入党し、欧州議会議員も務めたザビーネ・ヴィルス。とまあ、随分経歴が異なるうえに、これにハンブルク大学の学生団体「左翼リスト」も絡んだりして、とても単純に「一致団結」が進んだとは言えない状況でした。

ともあれ、今度ハンブルク市議会に送り込まれる左翼党の一一人は、右から左まで非常に多彩です。逆に言えば、そういう多彩な候補者の存在が、有権者に左翼党への投票を促したと言えるでしょう。

もちろん、特に筆頭候補者は、左翼党の選挙戦がてんでんばらばらにならないよう努めましたし、二期目を務める共同代表を初め、党幹部会全体も、これを全面的にバックアップしました。これまでの左翼党の教訓として、政策論争はいいとして、それを人事抗争に転化させてはいけないということがあります。党内には常に、潜在的な対立点はありますが、選挙戦に臨んで、有権者を前にして、党内の不一致を露呈するようなことは避けなければいけないのです。不一致ではなく多様性をアピールできる選挙活動が不可欠なわけで、その意味で、党の現状はまずまずではないでしょうか。嵐の前の静けさかもしれませんが。

――そうは言っても、全国の世論調査で左翼党への支持率は、このところずっと八%前後ですね。貧困と戦争に一貫して反対するという、いわば最もまっとうな主張を掲げているのに、なぜ党勢がなかなか上向きにならないのでしょう?

T・P　人々の潜在的な支持を実際の投票に結びつけるためには、当然的確な戦略が必要です。そして人々の支持を得るためには、「信頼性」と「有用性」という二点が重要だと思います。「信頼性」というのは、党が掲げる政策を貫いて得られるものです。左翼党は「一〇〇%社会的」と謳っているのですから、社会政策の分野で、たとえば家賃の高騰を食い止めるために何をしたか、あるいは「ハルツⅣ」の不公正とどう闘ったかが問われてくるわけです。

ハンブルク市議会選挙に話が戻ってしまいますが、左翼党は、「ハルツⅣ」と闘う女性候補者を二人立てました。一人はジョブ・センターの元職員で、「ハルツⅣ反逆者」として有名になった無党派のインゲ・ハンネマン、もう一人は特に家賃の問題に力を注いできたマヌエラ・パーゲルス。ハンブルク市議会選挙では、候補者名簿から特定の候補者を選ぶことができるのですが、彼女たちへの信頼は、そこからも窺うことができます。

「有用性」というのは、人々が左翼党の政策によって実際に利益を受けた、自分たちの声が反映されたと実感できるかどうかに関わっていて、こちらはいささか複雑な問題です。左翼党には、大別して三つの支持層があります。一つは、さきほど触れた左翼オルターナティヴ層。彼らは、大都市に住む高学歴の人々で、収入も安定しています。次に、古典的な労働組合出身層。彼らも基本的には、終身雇用的に地位が保証されていると言えます。さらにもう一つがプレカリアート層で、これが一番難しいです。失業者であったり非正規労働者であったりする彼らの雇用・生活条件は、きわめて不安定です。この人たちにしてみれば、目に見える成果がすぐに欲しい。議会で野党としていかに政府を批判しても、それだけでは「あんたらは、結局何も変えられなかったではないか」と言われてしまうのです。左翼党が選挙で票を減らす場合、やはりこのプレカリアート層の離反が大きいです。

そこで、党勢を拡大する戦略としては、左翼オルターナティヴ層の支持を強化し、同時に労働組合出身層の支持を維持し、同時にプレカリアート層の支持を回復するという戦略を立てる必要があるわけです。左翼党がずっと主張してきた全国一律の最低賃金制がまがりなりにも今年から施行されたことで、プレカリアート層にも左翼党の有用性がある程度伝わったのではないかと思います。

――党勢の拡大には、やはり若い人たちの獲得が重要ですね。左翼党の党員数は、依然低下傾向にありますが、特に若者にアピールするためにどのような行動を予定していますか？

Ｔ・Ｐ　若い人たちは、非正規労働に従事している割合が高いです。そこで、今年のメーデーに、「これが入っていなければ―理不尽な要求を受けることのない生存のために」というキャンペーンを始めます。これは、不安定な労働・生活状況に対抗するもので、まっとうに生活できる賃金、自分で生活設計を決められる労働状況、労働時間の短縮、教育や福祉の人員拡充、支払い可能な家賃や暖房費を実現しようと訴えます。このキャンペーンは一過性のものではなく、小規模の集会を何年もかけて積み重ねて、人々に要望や意見に出してもらい、また一緒に取り組んでもらうものです。当然ながら、こうしたキャンペーンは、その後の党員獲得や選挙戦に繋がります。

ただし、そうしたキャンペーンとは別に、身近な党の「顔」をつくっておく必要があります。「顔」をつくるというのは、誰かを頻繁にテレビに登場させるというのではなく、地域や職場、国会、市議会、社会事業、どこでもいい、「これが左翼党だ」と好感をもって受け止めてもらえる人づくりをすることです。たとえば、私の行きつけのドラッグストアの店長は、私が左翼党の人間だと知っていて、こっそり「あなたが店に入ったのを見なかったわ。頑張ってね」と言ってくれます。これは「店内でちょっと党の宣伝をしていいわよ」という意味で、私はそこで売り子の人に低賃金労働の不当性などを訴えました。そういう、いわば現場、現場の「顔」です。あるいは何か特定のテーマ、たとえば難民の支援で、「あの左翼党の人はよくやっているな」と認めてもらうようなことが大切だと思います。

――今年は第二次世界大戦が終結して七〇年ですが、東ウクライナの武力衝突、イスラーム国、東アジアの領土紛争など、世界はますます暴力的な様相を呈しています。左翼党としては、「戦後七〇年」としてどのような取り組みをする予定ですか？

T・P　今年の一月三一日にリヒャルト・フォン・ヴァイツゼッカー元大統領が亡くなりましたが、彼が一九八五年五月八日の敗戦四〇周年記念演説で訴えたことは、未だに実行されていないと思います。たしかに日本のように、国家の側からあからさまに歴史認識を逆行させる動きはないものの、一九四五年にドイツがナチズムから「解放」されたという認識もまだ完全には定着しておらず、相も変わらず「敗戦」が語られています。

左翼党としては、第二次世界大戦におけるソ連の役割がきちんと評価される必要があるという立場から、今年の五月八日から一〇日にかけて、ベルリンの戦没ソ連兵栄誉記念碑での式典などを予定しています。その際、平和諸団体やナチ被害者連盟（VNN）と一緒に取り組みを進めていることが大切だと思います。また、五月九日を戦勝記念日としているロシアと、共催の催しをすることになるかもしれません。「戦後七〇周年声明」のようなものも出せればいいのですが、まだ意見はまとまっていません。

――今般左翼党の州首相が誕生したわけですが、左翼党の政治を欧州、あるいはグローバルなレベルに広げていくためのネットワークをどうつくろうとしていますか？

T・P 一般的に言って、政党観にもいろいろあって、とにかく選挙に勝って政府与党を目指そうとする立場から、ひたすら野党に徹しようとする立場まであります。私は内容面で左翼党の政治的アイデンティティが確保されるのであれば、連合政権もありだと思っています。

テューリンゲン州で、左翼党の政治的アイデンティティが反映された政策プロジェクトとしては、難民申請者の冬季強制送還禁止があります。「緑赤」のバーデン＝ヴュルテンベルク州は送還禁止を拒否し、最近も六人の病気の幼児を抱えたロマの女性が、セルビアに強制送還されてしまいました。おもしろいことに、「赤緑」に加え、デンマーク系の南シュレースヴィヒ選挙人同盟が連合政権を組んでいるシュレースヴィヒ＝ホルシュタイン州は、テューリンゲン州の冬季強制送還禁止に同調しています。

そのようなプロジェクトは、文教政策であれば、さまざまな学年・グループで、子どもたちがなるべく長い期間、一緒に学べるようにする学校改革になるでしょうし、公安政策であれば、公安当局が極右組織内に内部情報提供者を送り込み、結果として彼らに資金提供するような制度の廃止に至るでしょう。

このような具体的な政策プロジェクトが、その後のダイナミズムに繋がっていくと思います。その時に、さまざまな運動との繋がりがやはり重要になります。たとえば、この三月一八日には、フランクフルトにある欧州中央銀行の新しい本部ビルのオープンを期して、さまざまなNGOと一緒に「ブロッキュパイ」という対抗行動を行います。七月七～八日には、バイエルン州のエルマウ城でG7首脳会議が開かれますが、そこでもNGOと共闘して、左翼党の存在感を示したいと思います。

私にとって残念なのは、平和運動が今きちんと機能していないことです。昨年一二月、「平和の冬」という行動を行ったのですが、金融資本の支配に反対するのに「利子奴隷の打破」といったナチスのスローガンを平気で使ったり、西洋のイスラーム化に反対するPEGIDA運動やAfDに同調したりする右翼的な勢力に不用意に門戸を開く傾向が一部に見られました。結局左翼党はこれに協力しないという声明を出し、平和運動の内部では分裂が生じて、ダイナミズムという点で大きなブレーキになってしまいました。今後、たとえば「テロ組織」の烙印を押されているクルド労働者党（PKK）の禁止の解除を求める運動で、平和運動の足腰が改めて定まり、左翼党と円滑な協力関係がまた生まれればいいと思います。

それから、左翼党の政治をドイツより外に広げるという意味でも重要なのは、ギリシャ新政権への支援です。ドイツのメディアは、これまでさんざんギリシャの悪口を言ってきました。週刊誌『デァ・シュピーゲル』の一月三一日号は、ギリシャのアレクシス・ツィプラス首相を「ヨーロッパの悪夢」、高速道路を逆走するような「無謀運転者」と決めつけました。でも「無謀運転」をしているのは、あれだけギリシャの市民生活が破壊されているのに、なお緊縮政策に固執するメルケル首相の方です。ドイツは輸出に依存している国なのに、隣国を物乞いにしたら、結局は自分たちの製品が売れなくなるではないですか。

実際、ツィプラス新政権の方針は、イタリア、スペイン、フランスなどの社会民主主義的な政党・政権からも好意的に受け止められています。私が注目したいのは、急進左派連合(SYRIZA)の人たちが、新しい政府の関係者を含め、困窮した市民への地道な支援活動を展開してきた事実です。「みんなのための連帯(solidarity for all)」というプロジェクトですが、それは食事や灯油の提供、医療支援という日常生活レベルから始まり、社会問題・教育問題・経済問題・環境問題など、さまざまな問題に関する具体的な情報提供や助言・提言を積み重ねてきました。この連帯プロジェクトをギリシャ国内にとどめるのではなく、ギリシャとドイツを結ぶ。さらに、ドイツの左翼党だけでなく欧州左翼党、あるいは欧州議会の「欧州統一左翼・北欧緑左派」会派にも地平を広げようとするものです。

たまたま明日、フランス共産党党首で欧州左翼党代表のピエール・ローランや、スペイン統一左翼のマイテ・モラ、SYRIZAのテオドロス・パラスケヴォプロスを招いて、リークシンガー共同代表が記者会見を開きます。そこでは、破壊的な緊縮政策ではなく、欧州経済政策の基準に則した持続可能で社会的・エコロジー的な経済発展を求めて、ギリシャの政府・国民へのエールが送られることでしょう。欧州レベルで銀行の権力を制限する措置が必要ですし、一九五三年ロンドン債務会議のような欧州会議を開いて、ギリシャだけでなく欧州全体の債務問題の解決を図ることも一案でしょう。

そして、このような連帯プロジェクトを、欧州からさらに世界に広げていきたいと思います。

――最後に、日本の読者に一言。

T・P　二〇〇三年に訪日した私は、日本の平和運動家や平和研究者と意見を交換し、その活動の豊かさや見識の高さに大いに感銘を受けました。そうした人たちの思いとは正反対に、日本の政府はあらゆる機会をとらえて、憲法を変え、アメリカの傭兵となって世界に軍隊を出そうとしています。また、かつての植民地支配や侵略戦争も正当化しようとしている。これはとても危険だと思います。

日本国憲法第九条の先駆的・世界的な意義は私も認めるところですが、実は左翼党の中では、日本はおろか、東アジア情勢全般に関する知見がかなり不足しています。昨年一二月、韓国で統合進歩党が強制的に解散させられたことも、党内で知っている人はあまり多くいませんでした。むしろ、左翼党と繋がりの深いローザ・ルクセンブルク財団の人たちの方が、日本や東アジアのことをよく学んでいるかもしれません。

そういう意味で私たちは、憲法九条をめぐる情勢を含め、日本の方々からいろいろ教えてもらいたいと思っています。今年は原爆投下七〇周年でもありますね。率直に言って、日本でなぜヒロシマ・ナガサキの日が休日でないのか、私には理解できませんが、ともあれ、日本とドイツの間で、平和のための連帯活動をこれからもっと強めていきたいと思います。

二〇一五年二月一六日、左翼党本部にて

あとがき

二〇一一年、日独の議会は、それぞれ「日独交流一五〇周年決議」を行った。これは、一八六一年一月二四日、プロイセンのフリードリヒ・アルブレヒト・ツー・オイレンブルク伯爵と江戸幕府との間で、修好通商条約が締結されて一五〇年の節目にちなんだものである。ドイツ連邦議会は、奇しくも「ナチズムの犠牲者への追悼日」である一月二七日、「ドイツと日本は侵略・征服戦争を行い、被害を受けた近隣諸国の人々に破滅的な結果をもたらした」と簡明直截に過去への反省を表明した。他方、四月二二日衆議院本会議の決議は、「両国が同盟国となって各国と戦争状態に入り、多大な迷惑を掛けるに至り、両国も多くの犠牲を払った」と、意図的に「侵略」の語を外し、責任の所在を曖昧にした。

なるほど日本には、ホロコーストのように、民族全体の抹殺を図る国家政策は存在しなかった。だが、日本軍が中国大陸で行った「殺し尽くし、焼き尽くし、奪い尽くす」の「三光作戦」と、ドイツ国防軍が東部戦線で展開した絶滅戦争との間に、どれだけ本質的な違いがあるだろうか。戦時中、日本に連行された中国人・朝鮮人の強制労働と、ドイツに連行されたポーランド人・ソ連人の強制労働とは、何が違うのか。七三一部隊で「マルタ」と呼ばれた人々を人体実験のうえ殺害した医師と、強制収容所・絶滅収容所でユダヤ人・ロマ人・「反社会的分子」らを死地に追いやったナチスの医師とは、どうだろうか。日独の違いをことさらに強調して、日本の過去を免罪しようとする論者は、被害者に対する「悲しむ能力の欠如」（アレクサンダー&マルガレーテ・ミッチャーリヒ）を露呈しているに過ぎない。

イギリスの放送局ＢＢＣは、二〇〇五年から毎年、各国別の好感度調査に関する共同調査を実施している。それによると、東日本大震災に対する同情や共感も手伝ってであろう、二〇一二年、「日本が世界によい影響を与えている」と答えたのは五八％でトップであった。しかしその数値は、翌年五二％（四位）、翌々年四八％（五位）と低下している。代わりに一位になったのは、二〇一三年、一四年とも五七％のドイツだが、問題はそのドイツで、日本への見方が悪化していることである。二〇一二年はドイツでも、対日好感度は五八％であった。ところが翌年・翌々年、「日本は世界に悪い影響を与えている」と考えるのは、いずれも中国・韓国に次ぐ四六％に達し、「よい影響」の二八％を大きく引き離しているのである。

ＢＢＣの調査では、各国に対する肯定的・否定的評価の根拠は記されていないため、なぜドイツで日本に対する眼差しが厳しくなっているのかという理由はよくわからない。しかし、福島第一原子力発電所の事故を契機に「脱原発」を決断し、また今もなお「過去の克服」に熱心なドイツの人々の眼に、あの過酷事故がなかったかのように原発再稼働・原発輸出にひた走り、かつての植民地主義・侵略戦争を「自存自衛」・「アジア解放の聖戦」と言い募る日本の姿が異様に映っても、無理もない話だと思われる。

実際この国では、エリートの世界で、憲法問題に関連して「ナチスの手口を学んだらどうかね」(二〇一三年七月二七日、麻生太郎副首相)といった発言が飛び出し、モッブの世界では、極右デモで巨大なハーケンクロイツ旗が掲げられ、エリートとモッブとを繋いで、「国家社会主義日本労働者党」なる団体の代表が政府・与党の要人に接近している。日本への原爆投下を人類共通の問題として主体的に受け止め、かつて一九八〇年代、ベルリンの現日本大使館脇の道路名を「ヒロシマ通り」に改名し、また二〇〇〇年代に入って、ポツダム会談のさなか、当時のトルーマン米大統領が投下命令を下したとされるブランデンブルク州ポツダムの宿舎前の広場を「ヒロシマ・ナガサキ広場」と命名すべく尽力してくれたドイツの市民には、およそ顔向けできない惨憺たる集団的アムネシア(歴史健忘症)である。

要するに、私たちに問われているのは、「歴史から学ぶ」基本姿勢である。もとより左翼とて、この問題で自らを差し置いているわけにはいかない。ドイツの左翼党本部には、二〇一三年一二月一七日、キッピング共同代表らの手で除幕された「ソ連で一九三〇年代から一九五〇年代まで、恣意的に迫害され、権利を剥奪され、懲罰収容所に強制移送され、何十年も追放され、殺害された何千人ものドイツ人共産主義者・反ファシストを、敬意をもって記念する」というガラス製の銘板がある。スターリン主義の過去に対する反省は、当然、DDR時代のヒエラルキー的・一枚岩的な党・国家組織への自省に繋がらざるを得ない。
そうした歴史認識に立脚して、左翼党は、自由・社会的平等・公正・連帯の価値を掲げ、今日の抑制なき資本主義と、それへの政治の従属状況に正面から対決している。左翼党の活動は、不安定な労働と生存、貧困の連鎖、住宅難、ネオナチと人種差別などに現実に苦しんでいる人々にとって、問題の根源的所在を明らかにし、解決の方途を示す一つの希望の光となっている。

自分を変えることを通じて世界を変える。それは、この国で新自由主義と新国家主義の相乗的昂進に抗い、平和で公正な二一世紀を実現したいと考える私たち自身にも突きつけられている課題である。第二次世界大戦終結から七〇年を経て、世界があたかも同時崩壊しつつあるかのような状況の中で、富の分配、所得における公平、成熟した民主主義の創出、反戦平和に愚直にこだわるドイツ左翼党に、引き続き注目してゆきたい。

本書は、『ドイツ左翼党の挑戦』(せせらぎ出版、二〇一三年)に大幅な加筆・修正を加えたものである。左翼党について知るには、小野一『現代ドイツ政党政治の変容―社会民主党、緑の党、左翼党の挑戦』(吉田書店、二〇一二年)や、星乃治彦『台頭するドイツ左翼―共同と自己変革の力で』(かもがわ出版、二〇一四年)も大いに参考になる。前者が政治学、後者が歴史学のディシプリンに立脚した著作であるとするならば、拙著のカテゴリーはさしずめ平和学ということになろうか。

私自身の個人史を振り返ってみると、世代的には、小学生の頃は、東京でもまだ戦争の傷跡がはっきりと見られたし(ちなみに、小児マヒで両足が不自由だった伯父のことを、私たちは「戦争で怪我をした」

と聞かされていた）、連日のように伝えられるヴェトナム戦争や水俣病の不条理に人一倍憤りを覚えたこともあるが、そもそも平和への問題意識を抱き深めていく道は、実の両親、そしてまた「ドイツの両親」がいざなってくれたと言うほかない。そして家族の存在は、良きにつけ悪しきにつけ、自分の足元から平和を考えるエネルギーの源になっている。恩師や同僚、日独の友人を含め、それぞれに感謝したい。出版事情が厳しさを増す中、あえてこのような書物を世に送り出してくれた耕文社の藤田敏雄社長にも、心から御礼申し上げたい。

二〇一五年二月二〇日、ベルリン＝ヴァイセンゼーにて

◆ 左翼党関連年表

1989.12.8～9	徹夜の社会主義統一党（SED）臨時党大会。従来の党書記長・中央委員に代わりグレゴール・ギジ党首以下執行委員を選出
1989.12.16	SED臨時党大会、暫定的に「社会主義統一・民主社会主義党」（SED-PDS）の二重党名に変更
1990.2.4	SED-PDS執行委員会、党名から「社会主義統一」を外し「民主社会主義党」（PDS）に
1990.3.18	DDR人民議会選挙。PDSの得票率16.4%
1990.12.2	統一ドイツで初の連邦議会選挙。得票率2.4%（東11.1%、西0.3%）、17議席
1993.1.29～31	PDS党大会。党綱領を採択、党首にローター・ビスキーを選出
1994.6.12	欧州議会選挙で4.7%
1994.10.16	連邦議会選挙。得票率4.4%（東19.8%、西1.0%）も、4小選挙区に勝利し30議席を獲得
1998.9.27	連邦議会選挙。得票率5.1%（東21.6%、西1.2%）、36議席。議員団長にギジ
1999.6.13	欧州議会選挙で5.8%
2000.10.2	連邦議会議員団長にローラント・クラウス
2000.10.14	新党首にガービー・ツィンマー
2002.9.22	連邦議会選挙。得票率4.0%（東16.9%、西1.1%）、2議席
2003.6.28	党首にビスキーが復帰
2004.6.13	欧州議会選挙で6.1%
2004.7.3	社団法人「選挙オルターナティヴ・労働と社会的公正」（WASG）発足
2005.1.22	ゲッティンゲンでWASGが政党として発足
2005.4.7～8	ドルトムントでWASG結成党大会
2005.5.22	ノルトライン＝ヴェストファーレン州議会選挙に別々に参加、PDS0.9%、WASG2.2%
2005.5.24	オスカー・ラフォンテーヌ、SPD離党声明
2005.6.17	PDS・WASG共同文書「オルターナティヴは存在する！労働・公正・平和と民主主義に賛成！　新自由主義の時代精神に反対！」
2005.7.15	WASG党員投票で81.78%がPDS候補者名簿への登載に同意
2005.7.17	ベルリンでPDS党大会。WASGとの新党結成作業を決議し、

	党名を「左翼党・民主社会主義党」（Linkspartei.PDS）に
2005.8.4	両党間の「協力協定Ⅱ」
2005.9.7	ギジとラフォンテーヌ、連邦議会進出の際の「100日綱領」を発表
2005.9.18	連邦議会選挙で8.7%。ギジとラフォンテーヌが共同議員団長
2005.12.6	両党間で「協力協定Ⅲ」調印
2006.2.23	「綱領的基本方針」第一次草案を発表
2006.4.2	WASG党員投票で78.3%が「左翼党・民主社会主義党」との合同に賛同
2006.5.1	両党が最低賃金共同キャンペーンを開始
2006.6.6	左翼新党結成の呼びかけを発表する記者会見
2006.9.19	ベルリン市・区議会選挙およびメクレンブルク＝フォアポンメルン州議会選挙で分裂
2006.10.22	両党合同幹部会、綱領的基本方針Ⅱと新党規約草案を採択
2007.3.24～25	ドルトムントでの両党並行党大会で、新党「左翼党」（Die Linke）の創立文書（綱領的基本方針、規約、仲裁規定、財務規定および名称提案）を採択（賛成は「左翼党・民主社会主義党」が96.9%、WASGが87.7%）
2007.3.30～5.18	両党の合同に関する党員投票（賛成は「左翼党・民主社会主義党」が96.9%、WASG党員が83.9%）
2007.5.13	ブレーメン市議会選挙で初の西独州議会進出
2007.6.16	ベルリンで新党「左翼党」（Die Linke）創立。共同代表にビスキーとラフォンテーヌ
2009.6.7	欧州議会選挙で7.5%
2009.9.27	連邦議会選挙で11.9%
2009.10.9	ラフォンテーヌ、連邦議会党議員団長辞任を表明
2010.5.15～16	ロストック党大会。新共同代表にゲジーネ・レッチュとクラウス・エルンスト
2011.10.21～23	エアフルト党大会。党綱領を採択
2012.6.2～3	ゲッティンゲン党大会。新共同代表にカティア・キッピングとベルント・リークシンガー
2013.9.22	連邦議会選挙で8.6%、野党第一党へ
2014.5.25	欧州議会選挙で7.4%
2014.12.5	ボド・ラーメロウ、テューリンゲン州首相に就任

◆ 州・連邦・欧州レベルにおける左翼党の選挙結果

日付	選挙の種類	得票率（前回との増減）	獲得議席／総数
2007.5.13	ブレーメン市議会	8.4%（+6.7%）[1]	7／83
2008.1.27	ヘッセン州議会	5.1%（+5.1%）	6／110
〃	ニーダーザクセン州議会	7.1%（+6.6%）	11／152
2008.2.24	ハンブルク市議会	6.4%（+6.4%）	8／121
2008.9.28	バイエルン州議会	4.4%（+4.4%）	−／187
2008.11.18	ヘッセン州議会	5.4%（+0.3%）	6／110
2009.6.7	欧州議会	7.5%（+1.4%）	8／99
2009.8.30	ザールラント州議会	21.3%（+19.0%）	11／51
〃	ザクセン州議会	20.6%（−3.0%）	29／132
〃	テューリンゲン州議会	27.4%（+1.3%）	27／88
2009.9.27	連邦議会	11.9%（+3.2%）	76／622
〃	ブランデンブルク州議会	27.2%（−0.8%）	26／88
〃	シュレースヴィヒ＝ホルシュタイン州議会	6.0%（+5.2%）	6／95
2010.5.9	ノルトライン＝ヴェストファーレン州議会	5.6%（+2.5%）	11／181
2011.2.20	ハンブルク市議会	6.4%（±0.0%）	8／121
2011.3.20	ザクセン＝アンハルト州議会	23.7%（−0.4%）	29／105
2011.3.27	バーデン＝ヴュルテンベルク州議会	2.8%（−0.3%）	−／138
〃	ラインラント＝プファルツ州議会	3.0%（+0.4%）	−／101
2011.5.22	ブレーメン市議会	5.6%（−2.8%）	5／83
2011.9.4	メクレンブルク＝フォアポンメルン州議会	18.4%（+1.1%）	14／71
2011.9.18	ベルリン市議会	11.7%（−1.7%）	20／152
2012.3.25	ザールラント州議会	16.1%（−5.2%）	9／51
2012.5.6	シュレースヴィヒ＝ホルシュタイン州議会	2.2%（−3.8%）	−／69
2012.5.13	ノルトライン＝ヴェストファーレン州議会	2.5%（−3.1%）	−／237
2013.1.20	ニーダーザクセン州議会	3.1%（−4.0%）	−／137
2013.9.15	バイエルン州議会	2.1%（−2.2%）	−／180
2013.9.22	連邦議会	8.6%（−3.3%）	64／631
〃	ヘッセン州議会	5.2%（−0.2%）	6／110
2014.5.25	欧州議会	7.4%（−0.1%）	7／96
2014.8.31	ザクセン州議会	18.9%（−1.7%）	27／126
2014.9.14	ブランデンブルク州議会	18.6%（−8.6%）	17／88
〃	テューリンゲン州議会	28.2%（+0.8%）	28／91
2015.2.15	ハンブルク市議会選挙	8.5%（+2.1%）	11／121

1　2003年当時はPDS。

◆ 略語一覧

AfD：ドイツのための選択肢
CDU：キリスト教民主同盟
CSU：キリスト教社会同盟
DDR：ドイツ民主共和国（東ドイツ）
EU：欧州連合
FAZ：フランクフルター・アルゲマイネ新聞
FDP：自由民主党
NATO：北大西洋条約機構
PDS：民主社会主義党
SED：社会主義統一党
SPD：社会民主党
WASG：選挙オルターナティヴ・労働と社会的公正

◆ ドイツ連邦共和国地図

◆ 左翼党の州別党員数（2013年末現在）

	党員数	うち女性	%
バーデン＝ヴュルテンベルク	2,803	676	24.1
バイエルン	2,521	600	23.8
ベルリン	7,821	3,385	43.3
ブランデンブルク	7,171	3,130	43.6
ブレーメン	480	142	29.6
ハンブルク	1,242	345	27.8
ヘッセン	2,445	634	25.9
メクレンブルク＝フォアポンメルン	4,522	2,021	44.7
ニーダーザクセン	2,728	690	25.3
ノルトライン＝ヴェストファーレン	7,468	2,026	27.1
ラインラント＝プファルツ	1,649	480	29.1
ザールラント	2,422	778	32.1
ザクセン	9,686	4,365	45.1
ザクセン＝アンハルト	4,401	1,909	43.4
シュレースヴィヒ＝ホルシュタイン	965	246	25.5
テューリンゲン	5,387	2,328	43.2
党本部	46	17	37.0
計	63,757	23,772	37.3

http://www.die-linke.de/partei/fakten/mitgliederzahlen/

◆ 左翼党主要人名索引

アーケン、ヤン・ファン（Jan van Aken, 1961-）…… 127, 135
ヴァーゲンクネヒト、ザーラ（Sahra Wagenknecht, 1969-）…… 63, 110, 124, 125, 127, 135, 137, 139, 140, 161
ヴァウツィニアク、ハリーナ（Halina Wawzyniak, 1973-）…… 111
エルンスト、クラウス（Klaus Ernst, 1954-）…… 96, 100, 101, 104, 105, 110, 111, 113, 116, 123, 125, 135, 144, 191
ギジ、グレゴール（Gregor Gysi, 1948-）…… 58, 59, 64, 69, 70, 98, 99, 100, 101, 104, 105, 109, 110, 115, 116, 120, 123, 125, 126, 127, 135, 138, 139, 144, 161, 190, 191
キッピング、カティア（Katja Kipping, 1978-）…… 104, 110, 125, 126, 135, 139, 153, 176, 187, 191
クラウス、ローラント（Roland Claus, 1954-）…… 69, 190
シューベルト、カティナ（Katina Schubert, 1961-）…… 104
ツィンマー、ガービー（Gabi Zimmer, 1955-）…… 69, 70, 143, 145, 190
ツェアハウ、ウルリケ（Ulrike Zerhau, 1954-）…… 105
トロースト、アクセル（Axel Troost, 1954-）…… 127, 139
パウ、ペトラ（Petra Pau, 1963-）…… 70, 121, 139
バルチュ、ディートマル（Dietmar Bartsch, 1958-）…… 70, 110, 124, 125, 126, 127, 135
ビアバウム、ハインツ（Heinz Bierbaum, 1946-）…… 111
ビスキー、ローター（Lothar Bisky, 1941-2013）…… 64, 71, 100, 101, 104, 105, 110, 111, 125, 135, 136, 140, 141, 143, 190, 191
ヘンデル、トーマス（Thomas Händel, 1953-）…… 101
マウラー、ウルリヒ（Ulrich Maurer, 1948-）…… 100
ラーメロウ、ボド（Bodo Ramelow, 1956-）…… 15, 101, 108, 138, 139, 146, 147, 148, 151, 152, 153, 154, 155, 157, 158, 159, 161, 164, 172, 191
ライ、カレン（Caren Lay, 1971-）…… 127, 135, 139
ラフォンテーヌ、オスカー（Oskar Lafontaine, 1943-）…… 6, 7, 8, 96, 98, 99, 100, 101, 104, 105, 106, 109, 110, 111, 115, 116, 118, 119, 120, 121, 123, 124, 125, 126, 135, 137, 161, 190, 191
リークシンガー、ベルント（Bernd Riexinger , 1955-）…… 127, 135, 139, 183, 191
レッチュ、ゲジーネ（Gesine Lötzsch, 1961-）…… 70, 110, 111, 112, 113, 116, 123, 125, 139, 191

【著者】

木戸　衛一（きど　えいいち）

1957年千葉県柏市生まれ。1981年東京外国語大学ドイツ語学科卒業。1988年一橋大学大学院社会学研究科博士後期課程修了。一橋大学社会学部助手、大阪大学教養部専任講師を経て、1994年大阪大学大学院国際公共政策研究科助教授（2007年准教授）。ベルリン自由大学で学位取得。2000～01年ライプツィヒ大学客員教授。
主な著作に『ベルリン―過去・現在・未来』（編著、三一書房、1998年）、『ラディカルに〈平和〉を問う』（共編著、法律文化社、2005年）、『「対テロ戦争」と現代世界』（編著、御茶の水書房、2006年）、『平和研究入門』（編著、大阪大学出版会、2014年）、主な訳書にクリストフ・クレスマン『戦後ドイツ史1945－1995』（共訳、未來社、1995年）、フリッツ・フィルマー『岐路に立つ統一ドイツ―果てしなき「東」の植民地化』（未來社、2001年）、ユルゲン・エルゼサー『敗戦国ドイツの実像―世界強国への道？／日本への教訓？』（昭和堂、2005年）。
E-mail：ekido@osipp.osaka-u.ac.jp

変容するドイツ政治社会と左翼党
―反貧困・反戦―

発行日　2015年5月3日　第1版第1刷

著　者　木　戸　衛　一

発行者　藤　田　敏　雄

発行所　株式会社 耕　文　社
〒536-0016 大阪市城東区蒲生1-3-24
TEL.06-6933-5001　FAX.06-6933-5002
E-mail　info@kobunsha.co.jp
URL　http://www.kobunsha.co.jp/

ISBN978-4-86377-038-6　C0031